繊細さんが本当の「やりたい」を見つけて起業するための最強の教科書

繊細な起業家のヒーロー
起業プロジェクトTMC主催
中農貴詞

はじめに

おめでとうございます！　そしてありがとうございます！
よくぞ僕を見つけてくださいました!!!
この本を手にとってくださった繊細な心をお持ちのみなさんに
心からの歓迎の気持ちを込めて、そう言わせてください。

思えば、2022年も終わりに差し掛かる頃……

YouTubeやInstagramから流れる「繊細な起業家ほど覚悟を決めろ!!」

という、これまでの常識とは真逆の僕のメッセージは、日本中に衝撃を与えました。

え？　知らない？

いやいや、どれだけの繊細さんたちから反響があったことか！

聞き逃したとしても大丈夫です。ここで改めてお伝えします。

この本は繊細な起業家さんに向けて、繊細さんだから無理しなくていいよ、とか、
人が多いところは苦手だから、人の少ない所へ出かけようとか、
小学生の国語の問題みたいに、
単純でありきたりな答えを与えるものでは決してございません。

だからと言って、繊細さんの特徴をまったく無視した
一般的な起業論を伝える本でもありません。
繊細さを強みに変えた男が「今こそ本当の人生を生きるんだ！」と、
魂から訴えかける本気のメッセージです。

あなたは、今まで繊細さんであるがゆえに、うまくいかずに悩んだり、
余計な苦労を背負って苦しんだり、貢献貧乏になって切ない思いを重ねていたり、
他人からいいように扱われて悔しい思いをしてきたのではないでしょうか。
こういったことが原因で心身の健康を害したり、経済的に困っていたりと
深刻な状況にある人も少なくないと思います。

でも、もう大丈夫です。
繊細さんには繊細さんにしかできない人生の輝かせ方があります!!!
この本ではそのやり方を余すことなくお伝えさせていただきますので、
しっかり受け取って、仕事だけでなく人生をトータルでいい感じに変えてください。

「そんな簡単やないやろ!」
と信じることに臆病になっている繊細なアナタ! お気持ちは痛いほどわかります。
なぜなら、僕自身が現役の超・繊細さんだからです。
初めての方も多いと思いますので、ここで自己紹介をさせてください。

僕の仕事は、繊細さんたちをお金や時間や人間関係、
勝手に小さく見積もっている自分の限界を突破するための
起業プロジェクトTMCの主宰で起業・売上UPのコンサルタントです。

生まれは大阪市（なので調子が出てくると大阪弁が出てしまいます。

先にお伝えしておきますね）、現在も大阪に暮らす、奥さんと12歳から3歳までの娘4人を心から愛する38歳のパパ、中農貴詞（なかのたかし）と申します。

気軽に愛称の〝たかみっちー〟と呼んでくださるとうれしいです。


現在の僕は起業家・経営者なわけですが、元々はサラリーマンをしていました。

父もサラリーマンだったのですが、出世街道には乗れていなくて所得は高い方ではありませんでした。

父も男ですからね、悔しかったんでしょう。

僕は、「勉強してええ大学に入れ。そんで一流企業のサラリーマンになって出世するんやで」と言われながら育ちました。

僕は、言われたとおりにしたら、外食が好きなだけできて、買いたいものが買える豊かな暮らしができると思い、一生懸命勉強をして偏差値の高い大学に入り、世界で一番大きな製薬会社に就職しました。

そして200人ほどの同期の中で1位2位の出世頭となり、

30歳になる頃には年収が1000万円を越えていました。

「ふーん、順風満帆なんや」という冷たい声が聞こえてきそうですが、とんでもない！
朝8時から夜12時まで働き、家族との時間はつくれないし毎日ヘトヘト。
結婚が早くサラリーマン時代の最後には3人目の娘が生まれていたため、
1000万円あっても高額な税金とその他を引かれた手取りでは
生活するだけでいっぱいいっぱい。
リッチな生活に憧れがあり、家族を幸せにしたいという思いが強かった僕は
満足できずに、この頃から転売の副業や
FX（外国為替証拠金取引）に手を出すのですが、
まあ上手くは行きませんでしたね。逆に蓄えを失ったりして……。

さらに、ここで僕の繊細さが顔をのぞかせます。
会社での仕事は営業だったのですが、
どうにも虚しくなり続けられなくなってしまうのです。

理由は、製薬会社の営業といば相手は大きな病院のお医者さんなのですが、営業をかけるほど、ただお医者さんたちの時間を無駄に奪っているだけのようで申し訳なく、自分が存在する意味がないようで苦しくなってしまったんですね。


お医者さんたちは知能レベルが高く、実際に薬を使って治療をして患者さんから直接フィードバックを日々もらっていますから、僕らが知識や情報を提供したいと思っても必要とされません。

じゃあ、僕らが何をしていたかといえば、自分のことを気に入ってもらって「買ってもらえませんか」と言える関係をつくることくらい。

今になれば関係づくりができることも素晴らしい能力だとわかりますが、当時は「こんなことを定年までやってて、俺の人生はそれでええのか」と焦りや不安でいっぱいでした。


心を病みかけて製薬会社を辞めた僕が何をしたのか。

話が長くなるので箇条書きにしますね。

●何もわからないままネットワークビジネスの誘いに乗りハマる
↓１００人の前でスピーチをするようになり楽しかったが、
お金は稼げず生活に困る。
●薬剤師の資格を持っていたので、ある薬局で薬局経営を学び始める
↓安定収入は得られるが、創意工夫を必要とされない薬剤師の仕事が合わず辞める。
●儲かると聞いて、私財を注ぎ込んで飲食店検索アプリを開発
↓完成直後にコロナ禍に。ニーズがなく普及しないまま借金が残る。
●「楽して稼ぎたい」のマインドから投資話に乗る
↓８回の詐欺にあい１５００万円を失う。
心を病み、なんとかできたことはコンビニでのアルバイト。
●退職希望者のためのコンサルタントという仕事を知り、天職と直感して飛び込む
↓クライアントさんは繊細さんが多く、悩む人の助けになることに喜びを感じる毎日。
収入はうなぎ登り。
●退職コンサルをしながら「もう会社勤めは無理」というクライアントさんに、
起業の方法をアドバイス。この起業コンサルこそ自分の転職だと気づき

本格的にスタート

⇩

とてもハッピーな今に至る！

どうですか？　なかなかのクレイジージャーニーですよね（笑）。
それでも現在は年商２億円規模、
主催する繊細さんのための起業塾の受講生は１００人を超え、
受講生の成功報告を毎日のように聞いてうれしさを噛みしめています。
そんな受講生たちの成功談も本書のなかで紹介していきます。
本当に困って僕を頼ってくれた繊細さんな彼ら
「自分はお金とは縁がないんだ」と人生諦めモードだった人、
「オンラインってなんですか？」というビジネス知識ゼロの50代・60代の主婦、
その驚くような変化とサクセス・ストーリーですから感動はひとしおです。
お読みいただいたら、「私にもできるかも」と、
ご自分の可能性にきっと気づいていただけることでしょう。

僕自身も「そうか、俺は繊細な起業家を助けるヒーローになりたいんや！」と、彼らや過去のクライントさんのおかげで気がつき、さらにこの本を書く決心をしました。

決心の理由は直接お会いできない繊細起業家も助けたいと考えたからです。


YouTubeを見ている方はご存知のとおり、僕はしくじりと修行をやたらと繰り返していますからね。

そのぶんだけ知識や経験の数も多いわけで、あらゆる人の色々なビジネスのパターンそれぞれに合う知識や情報、情熱も一緒にご提供できる自信があります！


頭から読むのがしんどいようなら、使えそうなところから読んでいただいて結構です。

なんなら、朝起きてこの本を適当なところでパッと開いて、その1ページを読んでみるというのでもOK。

それだけでも、きっとビジネスや人生が変わるヒントが得られるはずです。

最初から最後まで、僕が伴走していきますからね。
リラックスして、さあ、スタートです！

この男
名は中農貴詞
愛称たかみっちー
WANTED
SENSAISAN-NO-HERO
TAKAMICCHI
世の繊細さんを救う
起業家のヒーロー

目次

第4章

繊細な起業家がゼロイチを達成した後にやるべきこと……89

第5章

第6章

第7章

制作スタッフ
●装丁・表紙デザイン／小田有希　●本文レイアウト・DTP／平野智大（マイセンス）
●イラスト／タカキリヱ　●校正／M&M　●編集協力／小林佑実

・第1章・

繊細さは
メリットです

繊細さんこそ
最強の
起業家です！

そもそも繊細さんとはどのような人？

「繊細さんという字を見てドキリとした」「胸がザワザワした」――それが、みなさんがこの本を手に取ってくださった大きな理由ではないかと思います。

ずっと自身の繊細さに悩んでいたり、会社員としてたくさんの人に関わるなかで、生きづらさを感じながら働くことに違和感があったのではないでしょうか。あるいは、願いが叶うなら独立起業できないものかと迷っていたのでは。だからこそ「この本はきっと自分のための本や！」と感じてくださったのではないでしょうか。だとしたら、とてもうれしいです。

もちろん、そこまではないという人が多いことも予想しています。確信はないけれど、「私（俺）って、もしかして繊細さん？」と、なんとなく感じていて、その生きにくさの理由と解決方法を知ることができるのではと、この本と僕に期待してくれたのではないでしょうか。

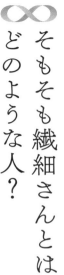

その期待に応えるためにも、まずは繊細さんとはどのような人たちのことか、お話ししていきましょう。

最近、「繊細さん」というワードが世間で急に広まってきたように感じます。

時田ひさ子さんという心理カウンセラーの著書『かくれ繊細さんの「やりたいこと」の見つけ方』（あさ出版）が各地の書店で平積みになっているのを目にしました。これも、世間の関心度の高さを物語っています。

時田さんによれば、繊細さんとはＨＳＰ（Highly Sensitive Person：生まれつき共感力が高く敏感な気質を持った人）のことで、そのなかでも外向型（ＨＳＳ型：High Sensation Seekingの略）といって、好奇心旺盛で社交的、積極的な面を持ち合わせているため繊細さがカバーされて一見わかりにくい人たちのことを「かくれ繊細さん」と呼ぶそうです。すでに複雑で大変そうなイメージですよね。

このＨＳＰは、アメリカの心理学者のエレイン・アーロン博士が発見した概念で、海を超えて伝わってきたということは、日本だけでなく世界的にも、こういった特性の人がたくさんいて悩んでいることがわかります。

僕が主催する起業プロジェクトTMCのメンバーにも、このHSS型HSPであり、自分のつらい経験から、同じような悩みを抱える女性のサポートをするビジネスで起業をしている女性がいます。この章の最後でその体験談を語ってくれていますが、彼女のサポートを求め、繊細な女性たちが集まってきています。

じつは彼女のHSPテストを受けて、僕もどうやらHSS型HSPのようだと知ったのですが、別にアーロン博士と競うわけではなく、僕はかなり前から「繊細さん」と自覚していました。HSPによる定義もありますが（ご興味のある方は前出の時田氏の書籍をご覧ください）、ここでは僕が考える繊細さんの特徴を挙げたいと思います。

中農的・繊細さんの特徴❶

①他人に気をつかいすぎる
②自分よりも相手のことを考えすぎる

③人の感情に敏感
④発言をした後に人にどう思われたか気になる
⑤断られたら傷つく
⑥人を疑うことは悪だと思う
⑦がんばりすぎで突然動けなくなる
⑧バランスをとってホドホドに、ができない
⑨自己評価が低い
⑩お金をもらうことにブロックがある
⑪本当にやりたいことがわかっていない

∞ 繊細さは弱点ではなくむしろ最強の武器

もしも当てはまっていることが多くても、「私（俺）って問題ありかも……」と落

ち込んだりしないでくださいね。僕自身がこれすべてに当てはまっていましたけど、このとおりどっこい元気に生きていますし、気のいい仲間に囲まれて〝繊細社長〟として2億円にとどく年商を上げていますから。繊細さんであることを「問題だ！」と決めつけないでください。

むしろ繊細さんだからこそ、僕はコンサルティング事業ができていると確信していますし、僕の仲間の繊細さんたちも次々と望む成果を達成しています。しかも軽々と楽しそうに、です！

なぜそれが可能なのかといえば、繊細さんには以下のような素晴らしい特徴もあるからです。

中農的・繊細さんの特徴❷

①他者への愛に溢れている
②打算的ではなく愛のヘルプができる
③人の痛みや弱点を理解し見守ることができる

④困っている人の気持ちが理解できる
⑤人のために考えたり調べたり勉強することが好き
⑥ここぞという時の馬力がすごい

どうですか、この寄り添い力と頼もしさ！

こんな人にサポートしてもらえるとしたら心強いですし、世知辛いこの世界で救われる思いがしますよね？　何よりも僕自身がこういう人たちが大好きで、彼ら彼女たちが活躍したら世界はもっとよくなると確信しています。だからこそビジネスの世界に連れ出そうと活動しているのです。

誤解しないでいただきたいのは、欠点をフォローしているつもりも、かわいそうな人を助けているつもりもないということ。なぜなら僕は、繊細を弱点だと少しも思っていなくて、むしろ最強だと感じているからです。

繊細さは人との差であって、せっかくの個性ですから、ぜひ生かしていただきたい。〝差を輪にする〟、つまり僕の繊細起業家へのサポートは、これをしているだけなのです。

世の中の「助けて」を見つける繊細センサー発動！

ここで、ビジネスという言葉に対しても改めて考えてみたいと思います。単純に英単語を翻訳すれば仕事や業務になり、経済活動やお金を稼ぐことと説明する人もいますが、僕の定義は「人を助ける」です。人助けをした結果、お金を稼ぐということにつながると考えています。

起業をする際は、まったく新しい何かを始めようと考えるのではなく、「人を助けられることはないか」を考えることが成功の秘訣です。「自分には人から注目されるような新しい商品やアイデアはない」と嘆く人がいますが、それくらいでちょうどいいとさえ言えます。

この後の章で、商品がない人のビジネスのやり方も解説しています。しかもそれは繊細さん向けのとっておきの方法ですので、楽しみにしていてくださいね。

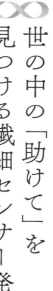

僕が繊細さんに繊細起業家になることをおすすめし、積極的にサポートするのは、適性があること以外にも理由があります。それはビジネスを通して自分に向き合って、自分に禁止してきたもの＝ブロックを外すことで、自分という存在の素晴らしさに気づいてほしいからです。

本人の変化は周囲の人の人生も激変させ、まわりまわって世の中全体をよくすると、僕は信じているんです。なかなか大きな野望でしょう（笑）。その変化について、もう少し詳しくお話ししますね。

繊細さんは他人の価値観に影響されやすいので、世間の常識や会社や上司のイズムに振り回されがちです。これが苦しさやつらさの原因になって、生きにくさになっています。

起業し自分と向き合い心の声を聞きながらビジネスをすると、外部からの影響は減少します。すると大袈裟ではなく心が静けさを取り戻し、繊細さゆえに苦しかった過去の体験に対しても、「あの体験は必要だった」と思えるようになります。

さらに、人生すべての1分1秒があなたにとっての〝ごもっとも〟で最良の選択だった」というふうに許し認め愛することができます。その結果、人間性の次元が上がっていく感覚を味わうことができ、その積み重ねがビジネスのブレイクスルーにつながるのです。

次元なんて言葉を使うと怪しいスピリチュアルみたいと思われるかもしれませんが、僕の周囲の起業家のほとんどが、「不思議と身近な人間関係に変化が起きる」と言います。きっとみなさんにもいつか同じことが起こると思いますので、このブレイクスルーの法則を、うっすらとでも覚えておいてくださいね。

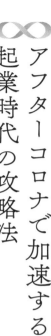

アフターコロナで加速する起業時代の攻略法

世界は今、アフターコロナの時代に突入しました。コロナ禍の時代に直接人と人とが顔を合わせてビジネスをすることが制限されてきたかわりに、オンラインによって関係性を構築し、遠くの別世界の人ともビジネスをすることがスタンダードになりましたね。今後は、オンラインとオフラインの融合がスタンダードになります。

この変化によって、これまでとは違うお困りごとや、足りない物事の顕在化が予想されます。先ほど僕は、ビジネスは「助けること」とお話ししましたが、つまりは新しいビジネスのチャンス、起業のネタがどんどん増えてくるということです。

一方で注意しておく必要があるのはＡＩです。ＣｈａｔＧＰＴの出現が個人起業にも大きな〝ゲーム・チェンジ〟を突きつけています。

仕事が奪われると勘違いしている人がいるのですが、そうではありません。インターネットが登場した時、スマートフォンが出現した時に、多くの人々の行動パターンに変化が起きましたが、同時に新しいビジネスも誕生しました。

繰り返しますが、すべてのビジネスは人助けです。ＡＩの登場は多くの人の悩みや問題を解決するでしょう。しかし、「正しく使いこなすにはどうしたらいい？」といった、新しい悩みや問題点が生じるのです。この時、僕たちのような敏感で小回りのきく繊細な個人起業家こそ、それらを解決していくべき存在になります。

ですから僕たちは、このような繊細さゆえの「問いを探す力」を磨いておく必要があるのです。今こそ人の気持ちに敏感であることを、「問いを探す力」へと昇華させてください。

繊細起業家さん体験談❶

ハートフルなメンターと仲間と出会えて脳科学の講座を始めたら2カ月で200万円の売上に！

大松叶奈さん（30代・神奈川県）

繊細さんだからこそ学びを重ね続けた

たかみっちーさんが使う「繊細起業家」という言葉、まさに私にピッタリだと感じています！

私は隠れ繊細さんといわれる「外向型ＨＳＰ」で、好奇心旺盛で積極的なのに、人の気持ちに敏感で傷つきやすく繊細。興味を持つと、そのことに没頭して、とことん調べ尽くすけれど同時に疲れやすく継続が苦手です。

けれどもこの特質を生かして数々の学びを重ね、今は整体瘦身セラピスト、声の周波数を機械で分析し、身体の状態や思考の癖を把握するメソッドを利用したカウンセリング、叶える力を高めて秘めた才能を解放する脳科学講座の講師・サポーターとして活動をしています。この原稿を書いている2023年2月には、これらのビジネスで月商200万円を超えました。

2022年7月にサロンをオープンし、初月からたくさんのお客様にお越しいただいていましたが、9月からたかみっちーさんと起業プロジェクトTMCのサポートを受け始めたおかげで、カウンセリングや脳科学講座を形にできて、これだけの実績を上げることができたと思い感謝しています。

私は、昨年の8月まで繊細さんならではのつらさを抱えながら会社員として働いていました。ですから、同じ悩みを持つ女性を体・心・脳ごと楽に軽やかにし、「本音本心を大切に自分らしく生きられる女性を増やしたい」「女性の自己実現のための講座をつくりたい」そして「ハートフルな世界をつくりたい」とずっと思っていたのです。ＴＭＣはこの私が思い描いていた世界が実現されていて、この環境に出会えたことに感謝しています。

ひとりブラック起業化し苦しい毎日が続いて…

それまでの結果を求めて頑張っていた時の私は、「ひとりブラック起業化」してしまい、発熱と熱・アレルギーで3カ月以上動けなくなったり、セールスに挑戦するも20人連続で断られてまた心身の調子を崩したり。方向性が定まらない当然商品も定まらない、毎日コツコツができないという状態でした。

もっと言ってしまうと、保育園に通う頃から親やお友達のママたちの顔色をうかがい、小学校からは先生たちにもいい子と思われるように振る舞っていて、いつも緊張状態なので、ストレスからすぐに熱を出していました。

社会に出て会社員になってからも、女性起業家の素敵なロールモデルの方々と

あーでもない
こーでもない
いいですね！
今のうちに
迷って
おきましょ！

出会い憧れながら、自分自身は自己紹介するだけで泣いてしまうという繊細ぶりでした。

初期は迷いブレても問題なし！ つまりは順調!!

そんな私でもたかみっちーさんは100%味方になってくれたんです。方向性がブレブレでも「ブレてもOK！　順調！」と言ってくださったお陰で、諦めずに進むことができました。先ほどお話しした講座をつくるのに4カ月かかりましたが、0期生を募集したところ初月で4

名、翌月には13名の素敵な受講生さんが集まってくださいました。

また、声診断セッションを募集するとＴＭＣメンバーさんだけで30名近く受けてくださり、結果的に売上が過去最高の２００万円を超えたのです。

繊細起業家やその卵のみなさんに、以上のような私の経験からお伝えしたいことは、最初はブレても大丈夫なので焦らずに自分と向き合ってください。そしてハートフルな仲間を見つけてください。もしＴＭＣにいらっしゃることがあれば、私がそんな仲間になりたいと思います！

・第2章・

焦りは禁物です

繊細さんはいきなり起業塾に行ってはいけません！

起業塾に行けばなんとかなるこの発想はかなり危険

起業というキーワードが頭に浮かんだ時に多くの人は何をするでしょうか?

未経験者が「よっしゃ、銀行行って資金借りよう!」とは思わないですよね。あ、もし思っていたらやめてください。まあ、銀行側もそう簡単には貸してくれないとは思いますが。

たぶん、みなさんがまずすることは、キーワード検索ではないでしょうか。YouTubeやInstagram、もしくはGoogleの検索エンジンに「起業」という文字を一度入力したら、次から次へと起業塾の広告が表示されるはずです。

今はね、どの広告もよくできていますから、見ているうちに「起業塾に入ればなんとかしてもらえるかもしれない」という気がしてくる人が多いと思います。

しかし、早まってはいけません!

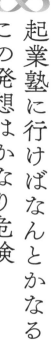

起業塾を経営されている方々を敵にまわすようで心臓がバクバクしますが、ぶっちゃけて言います。いきなり起業塾は行かなくてもＯＫなんです。

もっと言ってしまうと、取りあえずはこの本だけで十分学べますから！

僕自身、年間１２００万円くらいかけてビジネスを学びに行っています。現在も４つの起業塾に通っていて、つい先日も３００万円を払って申し込んだばかりです。ここは高めですが、大体の起業塾は安くても80万円、平均して１２０万円はかかります。

それくらい僕はつねに学びにお金を出し続けているからこそ、わかっていることがあります。それは、起業と一言で言っても、どのフェーズにいるのか、どのような価値観や個性であるのか、どのようなビジネスを始めようとしているのかによって、必要な学びや情報、そしてやるべき行動が違うということ。初心者が、どのような人たちが集まっているのかさえかわからない起業塾にポンと入って、上手くいくケースは少ないということです。

塾側からしても、あらゆることが異なる受講生をひとまとめにして教えるのは、簡単なことではありません。それこそきめ細やかに一人ひとりをしっかりと見る講師なら安心ですが、あえて言わせていただくと、きめ細やかさには自信のある僕から見て、これができるという人にはなかなかお目にかかれません。

もしみなさんが、どんどん質問して、「私はこういう状況です！」と主張できる人なら対応してもらえるかもしれませんが、ほとんどの繊細起業家さんは遠慮深いですから、それは難しいのではないでしょうか。

それでも起業塾が気になってしまうという人に向けて、ビジネス初心者、特に繊細起業家の卵のみなさんに、考慮していただきたいポイントを、いくつか挙げておきましょう。

①初心者はまずビジネス用語でつまずく

いわゆるゼロイチ（0→1）といわれる、まだ自分のビジネスでお金を稼いだことがなく、とにかく1件の仕事を受注する、または1円以上を稼ぐことを目指すフェーズの人ほど、この点を知っておいてください。

脅かすようで恐縮ですが、何もわからない状況で起業塾に行くと、とってもしんどくなります。何がしんどいのかと言いますと、そこで話されている単語の一つひとつがわからず、置いてきぼりになってしまうことです。

フロントエンド（フロントエンド商品のことで、集客やリスト集めを目的とした低価格な商品やサービス）とか、バックエンド（バックエンド商品のことで、フロントエンド商品の購入者に販売される本命の商品のこと）とか、メルマガリスト（メールマガジンを配信する顧客候補のリストのこと）といった言葉が、知っていて当たり前の状態で話されます。

ビジネス初心者にとっては「何のこっちゃ、それ！」みたいな感じになりますよね？

それにもかかわらず講師の話を中断してはいけないと、つい黙ったままになります。知らない単語で話をされていたら、当然内容が頭に入ってくるわけがありません。おろおろしている間に話がどんどん進んで、すっかり置いていかれるわけです。

②「SNSで発信せよ！」って何を？

そして、塾によっては、ゼロイチで何をビジネスにしていいのかもわからない時であっても、「とにかく発信しろ」「あらゆるSNSに投稿しろ」「インスタグラムを毎日更新しろ」と言われたりもします。真面目な繊細起業家の卵さんは、つい頑張ろうとしてしまいますから、やみくもに投稿をし始めます。

下手な鉄砲も数撃ちゃ当たる、なんて昔の人は言ったものですが、実際は戦略がないSNS投稿が誰かに刺さりファン化させることなど滅多にありません。当たることがないのに撃ち続けているうちに、途中で疲弊して「もうイヤだ！」となる人は少なくありません。

しかも、繊細ですから「自分は人にアピールする文章力がないんだ」「そもそも魅力がないのかも」と自分のせいにして傷つき落ち込み、動けなくなってしまうのです。

③決して安くない受講料の問題

起業塾の多くは3カ月間や半年という受講期間がほとんどです。80万円、120万円という大金を払ったのにもかかわらず形にならずに受講期間が終わってしまった、という経験をしている人もたくさん知っています。

もっとひどい場合には、なぜか追加料金払わされるみたいなことが起こります。これは実際に僕も経験しています。150万円くらい払っているのにですよ、追加で30万円とか50万円のサービスを買う必要があります、と後から言われました。「え？　最初にそれも含めて教えてくれへんと困るわ！」って思いますよね。僕が主催する起業プロジェクトTMCの受講生からの話や、僕がこれまでに通った起業塾の同期の話を聞いていると、こういうことがまかり通っている塾がかなり存在します。

④優等生と劣等生の格差を放置

人が集まれば、そのなかでよくできる人とそうでない人という差はできてしまいます。それはたんに経験量やスピード感の違いだったりして、後々逆転することもあるのですが、当面一部のうまく進んでいる人だけを優遇して、ついて来られない人は置き去りにしているような塾も多くあると耳にします。

こういう塾では、ついていけなくて困っていても「できない」とか「わからない」と言えないような雰囲気があります。講師の先生は実績を出している、その素晴らしい方法を教えてくれているのに、自分に置き換えた時にはどう落とし込んでいいのかわからない、といったケースですね。こういうことは決して珍しくはなく、実際に僕もしばしば感じることがあります。

そもそも質問の仕方も難しいですよね。正直なところ、「自分への落とし込み方」に関して質問しても、上手く答えられずに先生を困らせてしまうんだろうなと、やはり遠慮の気持ちが生まれてしまうのではないでしょうか。そうして、先生の方法論との相性がいい人だけが上手く行って、やはり取り残されている人は少なくないように感じます。

ましてや、焦りや不安といったメンタルなことを相談するというのは非常に高い壁です。僕の目から見ると多くの塾はそういったことを受け止めるという想定はされていないので、当然仕組みというか受け皿は用意されていません。

いかがでしょうか。起業塾の受講について「ちょっと待てよ?」と思っていただけましたでしょうか。

もちろん僕には「入塾は絶対禁止!」なんて言う権利はないですし、言うつもりもありません。ただ、みなさんに一度しっかり考えていただきたいだけです。

先ほど、僕は現在進行形で起業塾に行っていますとお話ししました。「いらんと言っているお前が、なんで行ってるんや！」と言われそうですが、多くの起業塾は、自分で勉強して実際に起業してみて、それをさらに伸ばしたいとか、ブレイクしたい、加速させたいという人が行って初めて得るものがある場所なのです。

僕は、自分がみなさんにお伝えできる内容をブラッシュアップするためと、もう1つ、そこにいる仲間と会って刺激を受けるために行っています。

そういう感覚で行くぐらいがちょうどよくて、みなさんがそうなれるようにという気持ちもあって、この本を書いています。お金を使わずにある程度は学べるように。まずは読んでから入塾を決めても遅くはないはずです。文章だけでは頭に入ってこないと言う人は、僕のＹｏｕＴｕｂｅ動画（ＵＲＬはhttps://youtube.com/@sensai_tmc）でも必要となる知識をまとめていますので、ご視聴いただくといいと思います。

塾に使ったお金は必ず回収し建設的な未来に投資する

ここまでは、起業塾に行こうかと考えている人に向けてお話ししてきましたが、すでに起業塾に入っている方や、過去にいくつもの塾に入って「ああ、ダメやった（涙）」と肩を落としている方にも一つ言わせてください。

今までお金をいっぱい使ってきたとしても、大丈夫なんです。僕もビジネスが形になるまで数百万、いや、1000万円を超える金額を自己投資に使ってきました。現実的なことを伝えますと起業ってそんなに甘くはないです。それに1回習ったからといってすぐに上手にできないのは、起業に限ったことではない。そうでしょう？

みなさんもこれまでに習い事や学習塾にも通ってきましたよね？　形にならなかったとしても確実にあなたの血肉になり、経験となって蓄積しているはずです。ですから、過去の投資は全部承認してあげてください。「大丈夫、すべては必要な学びだった」

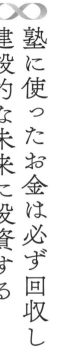

と。それでいいのです。

けれども、これからは違います。回収しましょう。いえ、「必ず回収する」と誓ってください！　ここで一旦回収に集中するのです。

回収してから、そのお金を使ってまた別の自己投資に充ててもいいでしょう。以前よりは情報や知識を得ているはずですから、自分に必要なものを選べるようになっているはずです。

一方で資金に余力があるなら、コンサルを付ける、広告を回す、苦手な作業を人に委託する、次の事業投資に回す。お金をこういったことに活用していくと回収につながり、大きな回収モードから成長モードに入っていきます。

ビジネスは、その場限りのものではなく続けていくもの。続けるということは成長させていくものということです。

「成長しなくても横ばいのままで安定すればいい」という考え方もあるかもしれませんが、横ばいの安定ということは、周囲の人、企業、社会、技術、世界全体が成長や発展を続けているなかでは、もはや後退しているのとほぼイコールになってしまいま

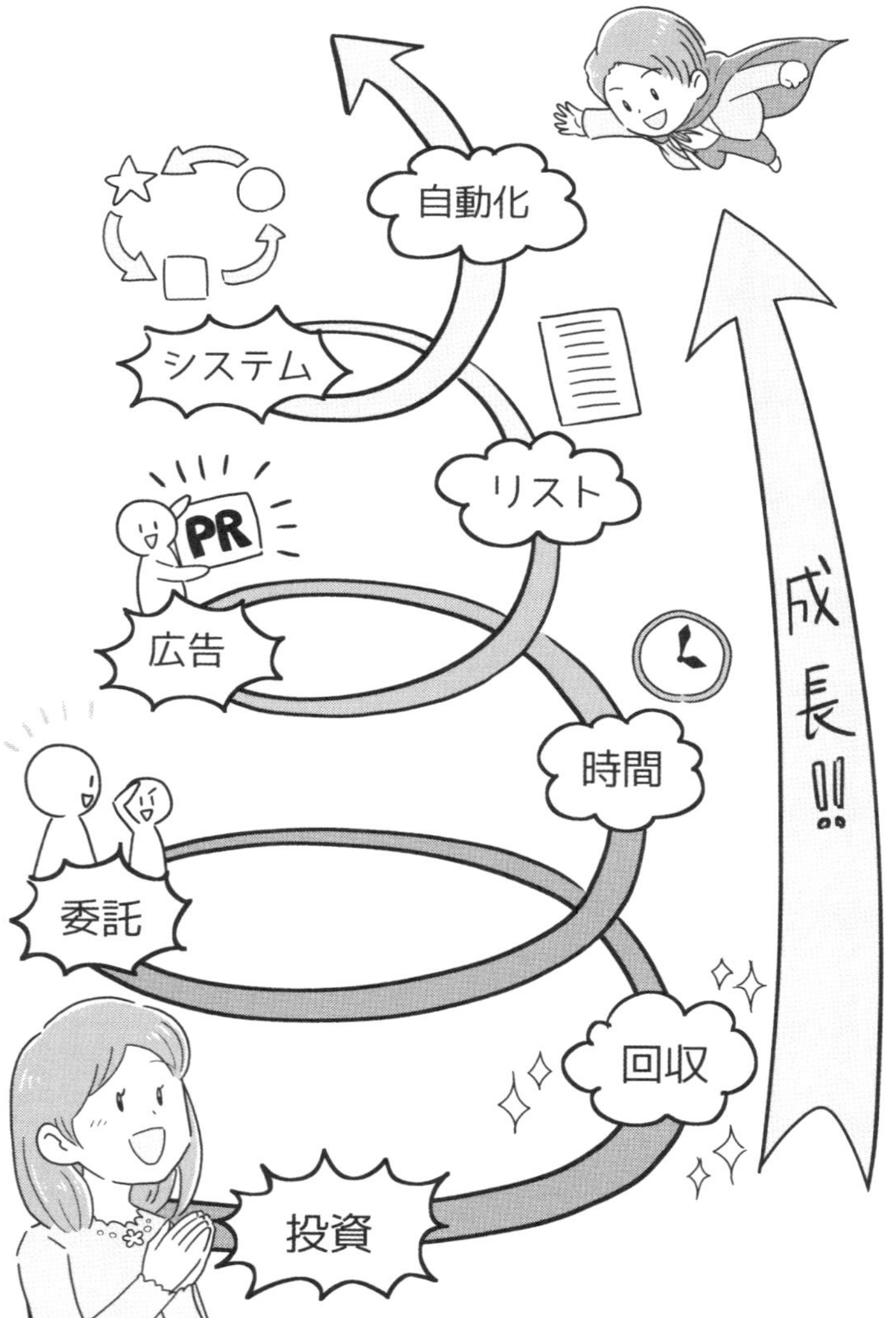
自動化
システム
リスト
PR
広告
時間
委託
回収
投資
成長!!

す。そうなれば、人から求めてもらえなくなる恐れがあります。

ですから、成長は必要になりますし、そのためには何かしらの形で投資をすることになるでしょう。もちろん、大きな額をいきなり投資しろということではありません。回収のめどというか。どのようにビジネスに生かしながら回収していくのか、そのイメージができる範囲で行うのが大切です。

回収のイメージがなくゼロイチで起業塾に行って「失敗したかも」と感じている人は、その経験を失敗として終わらせることがないようにしてください。

「一瞬、失敗したかと思ったけれど、あれは、結果的には回収して成功するまでのステップだった！」と言えるように、諦めないでください。

そのためにも、この次の章からは、この先の1年後を、自分が目指したように望んだようにクリエイトしていくための新常識について、お話をしていきますので、どうか僕についてきてください。

繊細起業家さん体験談❷

60代女性の私が起業できた！ 1カ月で商品をつくり、月収7桁を実現

大谷昌子さん（60代・京都府）

パソコンも苦手で不安だらけのスタート

今から1年半前の２０２２年7月のこと。私はある集客を学ぶための塾に入っていて、そこでサポーターメンバーの1人だったたかみっちーと出会いました。

私は約40年間、おもにアナウンサーとして活動してきました。２０２０年に新型コロナウイルスが流行し始めると、アナウンサーは「対面の仕事」ということ

もあって、決まっていた仕事が次々とキャンセルになりました。このままでは収入が絶たれ生活も危ういと思い、ＹｏｕＴｕｂｅに活動の場を移せないかと考えて、最初にお話しした塾に参加したのです。

ところが、講座で話されるビジネス用語やＳＮＳ用語のほとんどは意味がわからず、話の内容は頭に入ってきません。必要とされるパソコンやスマートフォンに関するスキルもなく、未知の世界で心細くてまごまごしていた私を、誰よりも親身になって助けてくれたのがたかみっちーだったのです。

「困ったことがあれば」と連絡先をいただいたので、相談しては助けてもらっているうちに、彼が主催する起業プロジェクトＴＭＣのことを知り、仲間に加えていただきました。

じつは、私、最初にたかみっちーの個人面談を受けた際には、ＴＭＣへの参加を断られているんです。後から聞くと、私から「断ってほしいオーラ」が出ていたから、とのこと。確かに迷いはあったと思いますが、その時は自覚がないですし、とにかくショックでした。

それでも、やはり現状を変えるにはたかみっちーのサポートが必要だと思ったので、勇気を出して再度面談を受けました。この時は、不安な気持ちや悩んでいることのすべてをさらけ出して話し、結果、受け入れていただけることになったのです。

欠点だと思っていたことがビジネスの強みに昇華

この後の展開はスピーディーで、商品はすぐにできあがりました。

私は人の振る舞いや言葉遣いの違和感に気づきすぎてしまう繊細な部分があって。このことを人に話すと神経質だとか心配しすぎと言われ、自分は変なのかもしれないと思っていました。けれども、たかみっちーは「これが大谷さんの強み。コンテンツにするべきですよ」と言ってくれて。私の繊細さとアナウンサーとしてのスキルをあわせて、言葉遣いや話し方の癖を直し、人の心に刺さる言葉と振

はっ!!
クライアントさんに
教えるのではなく
お尽くしさせて
いただくん
です！

る舞いでセールスやプレゼンの魅力をアップさせる「話し方ブートキャンプ」という商品ができたのです。

ＴＭＣには9月に入ったのですが、10月にはこの商品のショートバージョンで1カ月講座をつくり、ＴＭＣで学んだ通りに集客とセールスをして、月内に10名の方にお買い上げいただきました。

11月からは3カ月間と6カ月間のバージョンをリリースして、ＳＮＳでライブをし始めたところ、ＴＭＣの仲間以外の方からのお申し込みも増えました。結果、２カ月間で売上は7桁にとどき、その翌月も中間の時点で7桁に到達しました。

たかみっちーの言葉「クライアントさんに教えるんやなくて、お尽くしさせていただくんです」を胸に、人とのご縁を大切にしたおかげだと思います。「自分だけでなく私のクライアントさんもいい結果が出ています」という報告もいただくことが増え、人間関係やビジネスの範囲が広がっていく感じがして、何よりもうれしいですね。

・第3章・

今までの
思い込みを
捨てよう!

繊細起業家がゼロイチを成功させるための新常識

起業を志すなら必ず押さえたいポイントとは

いよいよ実践編に入っていきましょう！　みなさん、心の準備はいいですか?!

さっそくですが、これから起業を志す繊細さんに、必ず押さえてもらいたいポイントが4つあります。それは、①「何から始めるか」ではなく「ゴール設定」が優先、②自分を整えるとどんどん上手くいく、③同じことを繰り返していたら未来は変わらない、④関係性ができあがっている人のお悩み解決からスタートを、の4つです。

これらがビジネススタート時の肝となります。では、詳しく解説していきますね。

ポイント❶　「何から始めるか」ではなく「ゴール設定」が優先

ゴールが設定されていないとただ さまようだけになる

知らない場所に車に乗って向かうとしたら、最初に何をしますか？　おそらくカーナビに行き先を入力し、経路検索をしますすよね。そうすれば、あとはナビが示すとおりに車を走らせるだけ。最初にきちんと目的地を設定しているので、道に迷うことはありません。とても簡単です。

起業も同じです！　実際に行動する前にゴールは設定します。「当たり前やん！」と思うかもしれませんが、ゴール設定をせずにスタートをきって、結果さまよってしまう人は少なくありません。

ゴール設定とは、具体的にどのようなことでしょうか。本業として1億円を稼ぎたいのか、それとも副業で500万円を稼ぎたいのか、どちらのゴールを選ぶかで、ルートは大きく異なります。ルート、つまり「何を優先的に選択するか」が変わってくるからです。

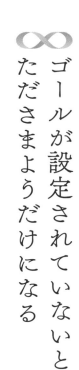

価値観を理解するために自分の棚卸しをしよう

ゴール設定をする時に大事なのが、自分の価値観の棚卸しをすることです。これはYouTube動画やその他のSNSでも常々話していることなので、「中農さん、それはわかっていますよ」と渋い顔をされそうですが、重要なことなので繰り返しお伝えします。

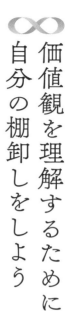

繊細さんは素直なので、知らないうちに世間一般の、親の、あるいは友達の価値観を刷り込まれていることがあります。そして、うっかり自分のものじゃない価値観で人生を決めて、途中で「あ！　違った！」という状況に陥ってしまいます。

例えば僕みたいに親の価値観に影響されて、一生懸命に勉強をしていい大学に入って、サラリーマンになって出世する。だけど結局虚しくなって辞める。薬剤師で働くもまったく得意ではない仕事のためつらくなる。焦って起業したことで8回も詐欺にあうということになりかねないわけです（涙）。
自分の価値観にあったゴールを設定しておかないと、いざ目的地にたどり着いたところで、それは本当の目的地ではないので虚しかったり、違和感を感じるだけなんです。

人は自分の人生しか生きられません。どんな人だってこれは同じです。
自分の人生をしっかり生きるためにあなたができること、得意なこと、好きなことを整理してみましょう。それがあなた自身の価値観です。自分の価値観を明確にした上で進めば、最短ルートでゴールにたどり着けます。

僕のメルマガ・ＬＩＮＥに登録してくださると、「繊細さんの価値観・得意を炙り出してくれるＰＤＦセット」というワークをプレゼントしていますから、ぜひ使ってください。自分の価値観は自分では気づきにくいので、ワーク形式でやるのが早くてわかりやすいです。

もう1つの自分分析方法 ジョハリの窓で特性の洗い出し

自分の価値観がわかってきたら、次は、自分の特性を知りましょう。心理学の手法に「ジョハリの窓」というものがあります。「ジョハリの窓」は、僕の起業プロジェクトTMCのカリキュラムのなかにも入れていて、これは「自分」と「他人」の2軸で自分を分析していった時に、4つの自分が見えてくるというものです。

《ジョハリの窓》による特性分析

最後に図を用意していますので、以下の説明文を読んだら書き出してみてください。

1つ目の窓：自分にも他人にもわかる自分

1つ目は、自分でもわかっているし、他人から見てもわかる自分です。僕でいえば「中農は背がデカイ」がこれに当てはまります。外見の特徴は見たらわかることなので、自分と他人の認識は一致しています。

2つ目の窓：自分はわかるけれど他人にはわからない自分

２つ目は、自分ではわかっているけど、他人はわからない自分です。「中農は、じつは繊細である」というのがそれです。僕は繊細さんなんですけど、他の人にそれを言ったら「お前のどこが繊細やねん！」とか、「よう喋っておいて何ゆうてんねん（笑）」ってツッコまれます。言動にちょいちょい繊細なところが出ているので、僕との付き合いが長くなればご理解いただけるのですが、最初はわかってもらえません。正確に言うならＨＳＳ型の繊細さん（刺激や好奇心は旺盛な繊細さん）なんです。

ちょうどいいので、ほんの少しだけ繊細さんの特徴を挙げておきますと、例えば、人と会う予定が近づくと憂鬱になる。人の顔色をうかがいながら話すのでやたら疲れる。相手の何気ないひと言が後から気になって落ち込んだりする、といったことです。

おそらくこの本を読まれてる繊細起業家の卵であるみなさんなら、似たような特徴があるのではないでしょうか。

3つ目の窓：自分はわからないけれど他人はわかる自分

3つ目は、自分はわからないけれど、他人はわかる自分です。

僕ですと、この間「裏表が無い」って言われたことです。あらためてそう言われると「確かに」となりますが、自己紹介の時に、自分で「僕は裏表が無い人間です」とは言いません。自分では認識していないから、その言葉が出てこないんですよね。

自分では自分の特徴だと思っていないけれど、他人から「それ、あなたの特徴だよね」と言われたことはないか思い出してみてください。これ、すごく貴重な情報です。

4つ目の窓：自分も他人もわからない自分

最後は、あなたも気づいてないし、まわりの人も気づいてない自分。けれどもあなたのなかに眠っている大切な才能です。もし繊細さんがそれに気づけたら、とても役に立つはずです。僕自身も起業支援をするうえで、とても助けられます。

もし、嫌でなければ、四柱推命や算命学、西洋占星術など宿命を読み解く鑑定を信頼できる方から受けてみるのもいいかもしれません。こういった鑑定から導き出されたキーワードにハッとしたことは、僕にもあります。

「ジョハリの窓」で自分を分析してみよう!

	自分でわかっている	自分でわかっていない
他人にわかっている	自分にも他人にもわかる自分	自分はわからないけれど 他人はわかる自分
他人にわかっていない	自分はわかるけれど 他人にはわからない自分	自分も他人もわからない自分

「ジョハリの窓」に書き入れる際、他の人に一緒に考えてもらうといいでしょう。なかなか出てこないでしょうし、時間がかかるかもしれませんが、少なくとも自分は気づいてないけれど、他の人が気づいているところはわかります。

中国春秋時代の武将である孫子が書き残した『兵法』に、「敵を知り己を知れば、百戦殆《あやう》からず」という言葉があります。自分の特性を理解することの大切さを説いていますよね。この機会に取り組んでみてください。

ググる癖をつけよう 自分の身を守るために

「ジョハリの窓」という珍しい言葉が出たところで、補足としてお伝えします。

わからない言葉が出てきたときは、ググる、つまり検索をしてください！　絶対にです。繊細な人は人を信じやすく、それだけだまされる危険性が高いです。特に経験が浅いうちは人の言葉を鵜呑みにせず調べる癖をつけておきましょう。

僕は過去に8回も投資詐欺にあったことがあります。8回、とんでもない数字ですよね。そんな僕だから言うのですが、投資詐欺にあう人間は、よく調べもせず言われたことをそのまま信じてしまうんです。

ですから僕が言うこともそのまま全部信じないでください。もちろん僕は自分が正しいと思ってることはすべて伝えます。けれども人間ですから間違った情報を発信するかもしれないし、僕とは違う意見もあるわけです。

さまざまな情報のなかからあなたにとってベストな意見を探してください。必要なものを取捨選択して、決断をして、行動に変えていく。これが起業家の正しい姿ですよね。

言ってしまえば、僕が先ほど「ジョハリの窓」に触れた時に、もしもその言葉を知らないなら、すぐに検索できる方が起業家として上手くいく人です。

調べ考えたうえで運にまかせるならOK

ビジネスに限らず、色々なことが上手くいっている人たちは口を揃えて言いますね、

「運を味方にするんだ」と。

ぶっちゃけ、運は引き寄せられます。やり方はとても簡単で、「私は運がいい」って思っておけばいいのです。言うのは簡単で、実行は難しいかもしれませんが、本来、繊細起業家さんは素直だから、運を引き寄せることも上手にできるはずです。

ちなみに運がよくなる具体的な行動は、どのようなものかわかりますか？　試しに「運がよくなる方法」と書いてある本を読んでみてください。たぶん、行動せよとか新しいことに挑戦しようとか、だいたいそのような内容です。

この言葉、聞き覚えありませんか？　そうです、ビジネス成功理論と同じなんです。ビジネスで大切なことは、学んだことを実際に行動に移して試してみることです。起業初期で大切なのは、ゴール設定をしたら、まず行動する、挑戦する、これが何よりも大切です。

運がよくなる方法と成功する方法は、一緒です。運がよくなる行動をしたら、自然とビジネスが上手くいくようになっています。ですから「私は運がいい」と言いながら、さっさと行動をしてください。

ここで、少しだけ裏側の話をしますね。行動と挑戦をしているのに運がよくならない人というのは、上手くいった時に、「私がスゴイからだ」と天狗になっています。

一方、運がすべてだと思っている人は、上手くいった時に「たまたま運がよかっただけ。ありがたい！」と感謝するから、周囲の人から嫌われず応援されるのです。

応援されることは、とても大切なことです。人に応援されるだけではありません。なぜか上手くいく人は目に見えない力に応援をされています。少し怪しく聞こえるかもしれませんが、「自分は運がいいんだ。ありがたい」と感謝できる人は、見えない力の後押しを受けているんです。この話は深掘りしていくと非常にマニアックになるので、また別の機会にお話ししますね。

とにかく、長期的に上手くいきたいのであれば、繊細起業家さんであるあなたにこそ、「運を味方にする」思考を養ってほしいのです。そうすれば、ビジネスも上手くいく、そういうふうにこの世の中はできていますから。

脳に蓄積された経験を瞬間的に回答にかえたものが直感力

このような経験はありませんか？　買い物に行って、「これや！」と思ったものを購入して帰ったら色々な物事にフィットしてドンピシャ。一方、ちらっと迷ったけれど、条件的にいいとかお得だからと思って買うとやっぱりダメだった、ということ。

直感ってマジで当たるんで、ナメたらあかんです！　先ほどの運の話に続いて、直感の話となったら、「こいつ、どんだけスピリチュアルなんや？」と引かれてしまうかもしれませんね。でも、実際には筋の通っていることです。

僕は最近まで、必死に考えて考えて努力して生きてきましたが、脳で考えまくったことよりも直感に従ったら、だいたい上手くいくことを身をもって知りました。ですから、繊細起業家の卵であるあなたの直感力を、このタイミングで目覚めさせてあげましょう。

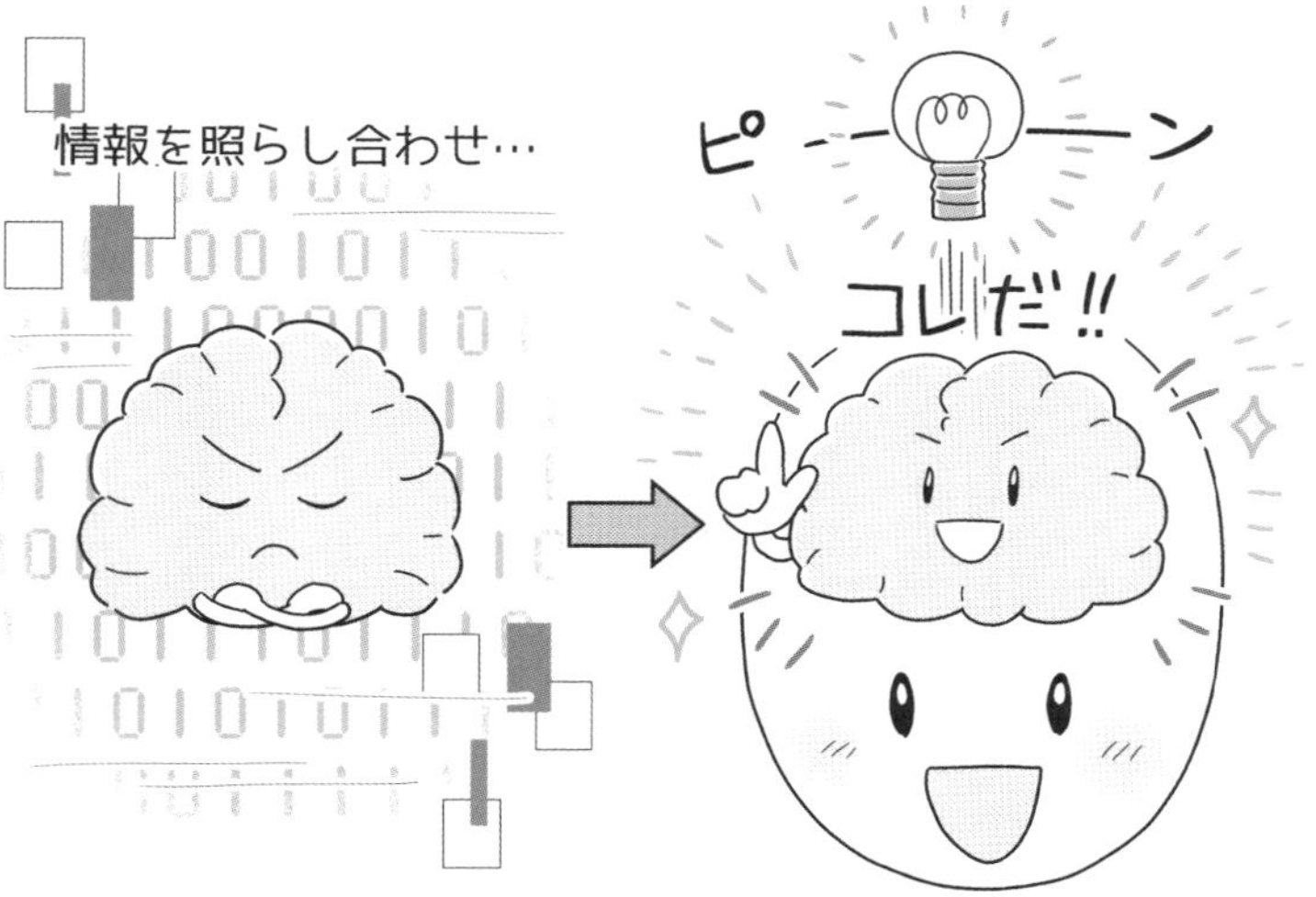

直感力はスピリチュアルではなく、脳の働きだと僕は思っています。これまでの人生であなたが経験してきたことは、脳にデータとして蓄積されています。買い物でもビジネスでも、何かを選択する時に、その膨大なデータのなかから瞬間的に回答を弾き出すのが直感力です。要するに、あなたの今までの経験の賜物なのです。

これからの時代は、この直感とか自分独自の感覚がめちゃくちゃ大事になってきますから、鍛えていくと必ず役に立ちます。

僕はスピリチュアルな話ではなく、みなさんが理解しやすいように現実的な話をしています。実際に、願えばすべてが叶うと言うつもりはありません。あくまでも、願ったうえで、自分の能力や経験を信じた行動によって未来を切り開いていく、という価値観の重要性をお伝えしているのです

ポイント❷ 自分を整えるとどんどん上手くいく

人、チャンス、情報、お金はステキな人に集まってくる

自分を整えることがいかに重要か、お伝えしたいと思います。

簡単なことから言うと、外見です。『人は見た目が9割』という書籍がベストセラーになりましたが、それくらいに見た目は重要です。

自分の外見を整えれば整えるほど人が集まり、人が集まるとそこからチャンス、情報、お金が集まってきます。起業塾の多くはこの部分をすっ飛ばしてノウハウについて語られがちですが、どれだけ商品の中身がよくても、人が関心を示してくれて話を

聞いてもらえなければ意味がありません。

「パーカー着てYouTubeに登場しているオマエが見た目を語るなよ」と言われそうですが、あえて外見の話をさせていただきます！

言っていいのか少し迷いますが、僕のメンター（ビジネスやり方のお手本となり、成長のためのサポートをしてくれる人）の先生の1人がですね、昔あんまり綺麗じゃなかったらしくて。「あなたから教わりたくない」って生徒さんに言われたらしいのですね。先生は「見た目関係ないやん！」みたいな感じでむっちゃ怒ったそうなのですが、その後にめちゃめちゃ綺麗にしているんです。そして今、生徒が集まっています（笑）。

例えば、発信している人の見た目がだらしなければ、「なんか嘘ついていそう」「ついて行ってもいいことなさそう」と思われ、情報やサービスを買ってもらえない恐れがあります。

逆に、見た目さえよければ、ファンになってくれる確率も上がり、「この人は成功している」と判断されたりするものです。

自分の見た目を整えるだけで、与える印象が変わります。ですから、特にオジサンでこれから起業しようという人は、まず自分の見た目を整えてほしいものです。これだけでまわりの反応はもちろんですし、自分自身の内面にも影響して、生じる変化も大きく変わります。あなたが想像している以上に、です。

じつは僕自身もそうでした。僕は20歳後半、デブでブサイクでニキビ肌で、おまけにハゲてた時があるんですけど、その時の営業の成約率は比較的悪かったです。

今はある程度カラダを絞って、見た目をちゃんと整えているからこそ、耳を貸してくださる人がいて、僕のコンサルティングやアドバイスどおりにやってみようと思ってもらえるのです。実際に生徒さんにも言われました。「中農さんがダサかったら、恐らく受講していません」と。

これからあなたがクライアントさん、生徒さんを集めていきたいなら、ある意味目指される人になるということが大切です。さらにあなたが発信する内容にふさわしい外見に整えることで、その内容を必要としている人がついてきます。起業するなら、まず外見から目指される人になるべきなのです。

外見と内面はつながっている　内面を満たすには日常生活が肝

「そうは言っても、人間は中身でしょ！」という声もあると思いますが、外見を整えると内側にもいい変化がでてきます。

ちょっと極端な例かもしれませんが、おブスな子はいじけてたりして、だいたい性格もおブスだったりすること、ないでしょうか。そんなおブスな子でも見た目を可愛くしたら、性格も明るく可愛くなっていったりしますよね。

外見と内面はつながってますから、外見を整えるだけで内面が変わりますし、逆に内面が豊かになると外見にもわかりやすい変化が起こります。

では、内面を満たすにはどうしたらいいかですが、この答えは、ズバリ日常を満たすことです。僕のように「日常を満たせ」というアドバイスをする起業家コンサルタントは珍しいと思います。

ビジネスはマラソンと一緒で、人生をかけて取り組むものです。短距離ではないんです。それなのに休憩無しで全力疾走なんかしたら、ペース配分の大いなるミスですよね。自分を満たす、つまりエネルギーを補充していかないと、途中で必ず止まります。

つねに幸せで誰かや何かに感謝している感覚があり、いつもいい影響を人に与えられる状況が、満たされた状態です。イライラしている人には近寄りたくはありませんよね。満たされた状態にある人は、集客しようと思わなくても、勝手に人が集まってきます。

最初に自分の価値観を明確にしてくださいとお話ししました。これは満たされた状態をいつでもつくれるための準備なのです。

自分を例にすると、家族みんなで幸せになりたい、一緒に夕食を囲めるような状態でいたい、いつも笑顔でいたい、これが僕にとって価値あることになります。だから僕は、家族との時間をとても大事にしていて、週に一回は必ず家族とのんびりとした時間を過ごすようにしています。これが僕の充電になっているのです。

自分を整えることがどれくらい大切か、もっとマニアックにお話しすることもできますが、これもまた違う方向に話が進んでしまいますので、ここでは割愛します。
ただ、自分の日常を満たすことは、あなたが思っている以上に起業をするにあたって大切なことだということは覚えておいてください。

起業家は、最終的には「集客」で悩みます。そしてその「集客」は集めるのではなく、集まる状況が正解です。だから先ほども少し触れましたが、人が集まるあなたでいることが大切なのです。

∞「ない」ものではなく「ある」ものに気づく

日常を満たすと、「ない」の世界から「ある」の世界へ行くことができます。
お金がない、時間がない、スキルがないと、「ない」ものばかりを見ていませんか？
日常が満たされていない人は、その傾向が強いように思います。

日本は、以前は世界ナンバーワンの豊かな国で、今も社会保障があり治安もいい。このような国に生まれた時点でみなさんは勝ち組と言って間違いありません。

みなさんには運もあるし、お金もあるし、時間もあるし、住む家もあるし衣服もある。「ある」ものに気づけば、ほら、満たされてきませんか？　幸せだと思いませんか？「ない」を探したらキリがないのに、人はついつい「ない」を探してしまう生き物です。どうしてもそこから抜け出せないという人は、無人島ツアーに行ってください。無人島ツアーは、寝る所がない、水がない、食料がないと、とにかく何もかもがない！

その反動で帰ってきた時には「私ってこんなに色々なものを持っていたんだ！」と気づけるので、ぜひとも行ってください。何を隠そう僕も行きました。「お布団の上で寝られるってなんて幸せなんや！　蛇口を捻って水が出る！　ここは素晴らしい国だ！　コンビニは神様やっ！」って、マジで涙が出ました（笑）。

ポイント❸　同じことを繰り返していたら未来は変わらない

∞ 未来は〝今〟の延長線上にある同じままでもいい？

考えてみてください。これまでのあなたの価値観や、選択基準で選んで行ってきたことの結果が、今のあなたの状態（結果）ですよね？

つまり、今までと同じことを行ったり、選択していたら、未来も今と同じ。今の延長線上にありますから、時間だけが過ぎても状況に変化は起こりません。

収入を変えたいのか、人間関係を変えたいのか、人生を変えたいのかはわかりませんが、みなさんは、何かを変えたくてこの本を手に取ってくださったのですよね？

もしも「人生を劇的に変えたい」なら、今までの行動と今までの選択の真逆くらいのことをやった方がいいです。そうすれば、当然これまでとは違う結果になりますから。

同じことをしていてもあなたの未来は変わりません。新しいことをしましょう。

新たなコミュニティに入る帰り道を変えるからでもOK

そこで何をするかですが、一番簡単なことであれば、新しいコミュニティに入ってください。人は環境で変わります。四六時中勉強をしている人ばかりの環境に放り込まれたら、勉強をしますよね。人は一緒にいる人の影響を受けやすいものです。

ですから、今いるコミュニティを変えることが何より手っ取り早いです。僕はTMCというコミュニティを主宰していますが、入会するとみんなが激変していきます。「今までいたコミュニティと全然考え方が違う」と言ってくれます。

もちろんTMCじゃなくてもかまいません。オンラインサロンでもいいですし、2章で「学ぼうとして参加するべきではない」とお話ししましたが、コミュニティに入るという意味で起業塾に行くのもいいかもしれません。とにかく新しい環境に飛び込め！　ということです。

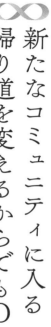

引っ越しするとか、仕事を変えるとか、何でもいいです、今までと違うことなら。「ハードルが高いなあ」という人は、駅から家までの帰り道を変えて帰ってみてください。これぐらい簡単なことでいいのです。

とにかく、違うことをやってみる、違うことを受け入れる、これが最初の一歩になります。

時代に追い越されないため やりながら考える

取りあえずやってみてくださいと言われることを、繊細起業家さんは苦手に感じるかもしれません。僕もそうだからわかるのですが、繊細な人は、考えすぎて行動できないことが多く、何かとやらない理由を見つける天才だったりします。それでも、帰り道くらい変えてみてください（笑）。

何か新しい事を始めたら、新しい発見があったり、新しい考え方が生まれたりと脳が刺激され活性化されますから。

とはいえ、何も考えないでやり続けるというのもダメです。考えることも必要ですから、「取りあえずやる」と「考える」を、同時並行で進んでほしいのです。

今はインターネットとかＳＮＳの普及で、昔よりもビジネスサイクルが速くなっています。新しいものは発売と同時に拡散され手軽に購入できますし、ビジネスの情報もすごい速さで広まり、たちまち競合がでてきます。

僕はＹｏｕＴｕｂｅで起業方法を無料で教えています。この本の内容をみなさんが真似してくださったらもっと広まりますよね。そうするとみなさんの悩みが何か解決されるわけですが、必ず次の悩みや問題が出てきます。そして、それに対する解決策というのがまたビジネスになっていくのです。

じつはこのループを追い越さないと大きく稼ぐことは難しいのです。強調して言いますが、

スピードが命！

考えるな、感じろ！

考えるより取りあえず行動せよ！

ビジネス化のループに対して遅れをとらないためにも、やりながら考える癖をつけ

ましょう。

情熱が乗らない違うと思ったらやめていい

意外かもしれませんが、僕は「違うと思ったら、すぐにやめていい」主義者です。先に「直感に従え」とお話ししましたが、これが理由です。起業って、不確かな中で新しいことを始めるわけですから、いざやってみて違うと感じたら、続けるべきではないのです。

いざやってみたら違ったということ、僕にも経験があります。その昔「恋愛のコンサル」をやろうと思ったことがあったんです。一応学生の頃から彼女がいて、別れたらまた次の彼女ができていましたし、重なってる期間はないものの、ちゃんとお付き合いして、結婚して、女性とちゃんと会話もできれば関係も築くことができるので、恋愛の先生をやることにしました。

比較的得意なことだと思っていたし、市場性もあるし、これはいいなと思ったのです。

ところが、やってみると全然楽しくない。やる気がマジで出てこない。お金を稼ぐのに困っている人を助けることにはめちゃくちゃ気持ちが乗るのに、恋愛だと乗らないんです。なので、速攻でやめました。でもこれは、やってみたからわかったことで、やってみないと結局はわからないものなのです。

他にも、脱毛サロンの経営を始めてみたり、飲食店さん向けの広告アプリケーションの販売をしてみたり、薬局の経営など、今まで色々なビジネスをやってみましたが、なかなか情熱が乗るものはありませんでした。

情熱が乗っからないものって、上手くいきません。僕自身、これまでに「違う」と感じたものはすべてを手放して、いずれもその瞬間から流れがよくなっています。

これまでの話をまとめますと、違うと思ったらすぐやめていいですから、取りあえずやってみてください！　やりながら考えてください。そして、途中で違うと思ったら、即やめてください。

本気で「これだ！」と思ったら体が勝手にやり始めるものですから、「これだ！」で始めたあなたは、その調子で進んでくださいね。

ポイント④ 関係性ができあがっている人のお悩み解決からスタート

人からものを買う時の判断基準を考えてみる

繊細起業家さんが、ゼロイチから売上を立てようと考えた時に何をするべきかというと、話ができる人の悩みを解決すること、ここから始めます。

話ができる人というのは、あなたと関係性ができあがっている人のことです。

人から物を購入する時、どのような基準で選んでいるかを考えてみてください。すでに何らかの関係性があって信用できる人から、優先的に物を買いませんか？

僕はコンサルタントであり、プロジェクト・コミュニティを主宰していることもあり、無形商材と呼ばれる形のない物をサービスとして提供する人にそのやり方をアドバイスするケースが多いです。こういった場合はあなた自身が商品になるわけですが、そうなるとほとんどの場合、あなたと話をして、あなたから何かを感じとった人があなたの最初のお客さんになります。なぜなら、人は理屈より感情でものを買う生き物だからです。

感情がプラスに動く時と悩みや不安の解消にお金が動く

人がお金を払おうと思うのは、次の2つのパターンです。喜ぶ、幸福になるなど感情がプラスに動く時と、悩みとか不安とか、何かネガティブな要素が解消される時です。

喜びとかプラスのパターンに関しては、例えば遊園地とか映画館で、大手企業でなければ難しい仕事です。個人起業家ができないこともないですが、資本力で大手には敵いません。

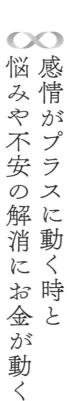

けれども人は、ネガティブな要素を解消することに、より強い欲求がありますから、がっかりする必要はありません。具体的な要素としては、例えば仕事を辞めたいとか、嫌いになったパートナーと別れたいなどです。ネガティブを解消したい欲求は、プラスを得たい欲求よりも4倍強いと言われています。

ですから繊細起業家さんは、ぜひ悩みの解決に特化してビジネスを組み立てていきましょう。人の数だけ悩みはあります。悩みが解消される時にお金が動くわけで、これは対象がお金持ちであろうと、なかろうとです。

つまり、あなたとお話しができる人、お話しを聞いてくれる人、こういう人の悩みを解決することによって、最初のキャッシュが得られる可能性がとても高いことを覚えておいてください。

貢献貧乏になるのはもうやめよう!

僕のクライアントさんもそうなんですが、繊細さんには貢献貧乏な方が多いんですよね。誰かの役に立てているだけでうれしくなる、その純粋な気持ちはわかりますが、貢献することと同じくらい「お金をもらうこと」これも大必要なことです。

お金をもらうことで、よりいっそう一生懸命になりますし、相手側もお金を払うことで「もっとこうしてくれないか?」と望んでいることを口に出しやすくなります。とてもいい循環が生まれますよね。ですから少しでもいいからお金をもらってください。

無料で仕事をしてしまうと相手は遠慮して、「本当はこういうふうに修正してほしいけど、無料でやってもらっているから言えないな」というふうになるんです。こちらはこちらで、「お金もらわずにやってあげている」とか、「タダ働きで、な〜んかつらいわぁ」という感じでネガティブモードになりやすいのです。

お互いにプラスのエネルギーを循環させるために、お金は必要です。このようにお話ししても、どうしてもお金に対するブロックがあるという人は、経験を積むために最初の1人だけは無料で仕事をしてもいいでしょう。けれども、その後は少しでいいのでお金をもらってください。もらってみれば、その必要性がきっと理解できるはずです。

繊細起業家さん体験談❸

4カ月で月商は16倍の7桁に！健康の輪を広めるこの仕事が生きがいです

――つるすべかおりさん（福岡県・40代）

薬頼りだったけれど体も心も強くなれた

変わった名前だとよく言われますが、この「つるすべ」というのは私が開発・製造・販売をしている生麹ソースのことなんです。

私は型にはまらない管理栄養士で、県内では誰もが知る老舗中華料理店で、メニュー開発などに携わっています。その店の素晴らしさを引き立てるためにヘルシーなデザートをつくろうとして、つるすべは生まれました。試作しながら食べ続けると、私は薬を飲むほど、息子は幼少期に泣きながらトイレに籠っていたほどの便秘症だったのが、毎日ツルッと見事な便が出るようになり、肌はスベスベ、その他にも不眠が改善されて常用していた睡眠導入剤やお酒など一切いらなくなり、自分でも驚きました。

健康・美容に興味をもつママたちや、健診結果が気になる友人知人に配ってみると、「甘酒は苦手だけど、つるすべは食べられる！」「ツルっと排便できる！」など、喜んでくれる方が少しずつ増えてきたんです。

気づいたら最終的に70名を超える方々に配っていて。さらに、健康に特化したショッピングモールのお正月三が日の祝酒に採用していただけたことがきっかけになって、つるすべを世に広めるべく、個人事業主として開業することにしたのです。

ただ、いざビジネスを始めてみると、どのように売り出していいのかわからず、「つるすべで世界中の人を腸から幸せにして、世の中を平和にしたい！」という思いで、３つの起業塾を受講しました。けれども、そこでは私にしっくりくる考え方には出会えませんでした。

そんな今から7~8カ月前のこと、YouTubeでたかみっちーの動画を目にしました。ゼロイチ（0→1）起業に必要なことが丁寧に話されていたので、公開講座などあらゆる動画をチェックしました。

そして紹介されている手順を頭から順番に実践していきました。「100%できなくてもいい」という言葉に勇気をもらいながら、自己流にはせずにそのままに実行したんです。するとビジネス環境が順調に整ってきて売上が立ってきて、つるすべを中心にしたサービス商品のアイデアも生まれました。

たかみっちーに直接質問や相談がしたいと思い、TMCへの参加を決めました。

やりたいことしかしなくていい この言葉でやる気が加速

やるべきことが具体的に見えて、疑問があればすぐに相談でき、しかも応援し

てくれるTMC生の仲間ができて、あとは情熱のままに突っ走るだけ！　麹発酵で人生が変わった私はこの数カ月で〝麹士〟にもなったので、日本の伝統文化である「麹発酵」の素晴らしさも、次の世代そして海外へも発信していく、そのステップへの進み方のヒントも得ました。今の私にとっては最高の状況です。

　こんなに楽しくビジネスに取り組めるのも、たかみっちーの数々の教えの中でも「やりたいことしかやらないで」「お客様を選ぶのは自分」という言葉を守っているからでしょう。

おかげさまで、つるすべも、つるすべを使った美容・健康コンサルのサービスも、企業向けのサービス開発コンサルも売上が伸び、入会から4カ月で約16倍に、7桁を達成しました。

でももっとうれしいのは、私が携わったクライアントさんの体と心のコンディションがよくなり、その輪がご家族や周囲にも広がり、少しずつ笑顔が増えて人間関係までよくなっているという報告を続々といただいていることです。

たかみっちーやTMCの仲間への感謝の気持ちは、つるすべの力を借りてもっともっと世の中へと貢献する形で返していきたいと思っています。

・第4章・

起業後に
軌道に乗るための
4ポイント

繊細な起業家が
ゼロイチを
達成した後に
やるべきこと

今のそのビジネスはしっくりきている？

第3章で解説したビジネスの初期プロセスをごく簡単にまとめると、以下のようになります。関係のある人の悩みを聞いて自分ができることを提供する、その結果、ゼロイチ（ゼロからファースト・キャッシュを得られた段階）を達成する。

あなたが得たその結果や仕事の内容が、自分の価値観、得意なことに対してしっくりきていて、もっと規模を大きくしたい、充実させたいと思っているなら、92ページのステップ①に進んでいただいて構いません。

けれども、もしゼロイチは達成したけれど、どうもしっくりこない場合は、再度「ゴール設定」「自分を整える」「これまでと同じことをしない」「関係性ができあがっている人の悩みを解決する」という、第3章でご紹介したプロセスを繰り返してみてください。何度も何度も繰り返しているうちに、なじんできたり、解決すべき点が見つけられたりして、前に進めるはずです。

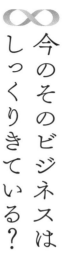

ここまでがゼロイチ起業でやるべきことの具体的なステップです。

起業塾や起業コンサルタントも、マーケティングや商品設計に至る前の段階でここまでしつこく言わないと思いますが、僕は6～7年お金が稼げない時期がありましたし、もうがむしゃらに色々なことをやってきたぶん、しつこいです（笑）。

そしてその経験を生かして、起業を目指している人たち、四捨五入して1000名の方にサポートをさせていただきました。その積み重ねのなかで「これがリアルや！」とキレイごと抜きで、第3章の方法にたどり着いたのです。先に進めないことを恥じたりせず、自分のペースでいいので、ぜひ何度も見直しトライしてください。

1↓10へビジネスを拡大させるフェーズへ

次にビジネスの規模を大きくする段階に進もうと決めた人は、「どうすれば1↓10（イチジュウ）にできるか？」「どうすれば単価を上げられるか？」「仕組み化するには?」などを考える必要があります。ここからは、実際にゼロイチを達成できた人に向けた「拡大ステップ」の内容になります。もしくは、「お客様が過去に1人だけいたけど、その後はず〜っと売上が立ってへんのです……」といった人にも大いに役立つものです。

では、一緒に学んでいきましょう!

拡大ステップ❶
「集客」をしないで勝つ方法を知る!

集客できるのはお金・知名度・実力のある人

ゼロイチから先に進もうとしている拡大のフェーズにある人が、まず身につけるべき重要なことは「集客をせずに勝つこと」です。

「え?! 集客しないで稼げるわけないやん‼」と驚かれるかもしれませんね。

けれども、集客は必須というものではないのです。じつは逆で、最初から集客しようとするから多くの人は失敗します。理由は簡単で、集客が一番大変だからです。

集客は大手企業やお金、知名度、実力のある人たちの戦略です。

例えば、みなさんが地方に行った時に無名のコンビニがあって、その横にローソンやセブンイレブンがあったとします。みなさんはどちらに入りますか？　多分、ローソンやセブンイレブンに行く人が多いのではないでしょうか？

それはなぜかと考えると、「行き慣れていて安心感がある」や「知名度がある」からですよね。そう、実力と知名度が人を集めているわけです。

このことを、今のみなさんの立場に置き換えて考えてみてください。みなさんはこれからスタートする個人起業家です。しかも繊細起業家さんです。同じようなビジネスをしている大御所や強いライバルはたくさんいますよね？　そうなると、集客力で勝つことは難しいと言わざるをえません。

ＳＮＳ発信にしてもそうです。「何を発信していいかわかりません」、「フォロワー

が集まりません」というお悩みをよく耳にしますが、僕から言わせると「当たり前やん」です。それは強者がやる戦略で、まだその域に達していないのですから。

だったら何をするのか――単価を上げるのです。「そんなことしたら、お客さんがこなくなる！　単価は上げたくない」とか言っている場合ではありません。あなたのビジネスを存続させるためには単価を上げるしかないのです！

大事なことなのでもう一度言いますよ。ゼロからイチ状態の進んだあなたが最初にやるべきことは、「単価を上げる」ことです。例えば、売上で30万円をつくる場合、3万円を10人に売ってはいけません。30万円の商品を1人に売ってください。

「ランチェスターの法則」で弱者なりの戦略を立てるべし

弱者には弱者の戦い方があります。これは昔から使われている「ランチェスター戦略」でも説明ができます。

ランチェスター戦略は軍事戦略の1つで、戦力の相対的な優位性を計算するモデルです。このモデルは、1900年代初頭から活躍したイギリスの自動車工学、航空工学のエンジニアであるフレデリック・ウィリアム・ランチェスターによって考案され、現代のビジネスの理論にも活用されています。

ランチェスターの法則には、大きく「第一法則（接近戦、局所戦）」と「第二法則（広域戦）」がありますが、ここでは細かい話は割愛して、一番重要な「接近戦」の話をします。ランチェスター戦略では、敵対する2つの軍隊の戦力を、兵力の数と戦闘力の強さで表現します。そして、それぞれの戦力を掛け合わせて、合計値が大きい方が優勢とされます。

これをビジネスに置き換えるなら、兵力の数は従業員の数や広告などお金をかけて宣伝できる媒体の数を表します。戦闘力は商品のオファーの強さを示します。つまり個人起業家でお金もない一人起業家は兵力が1なんです。だったら、戦闘力で勝負するしかありません。

高額単価の物を、一人のお客様にしっかりと高付加価値にして購入していただく。これが接近戦でまさに先程僕がみなさんにおすすめした戦い方です。

ただ単価を釣り上げればいいということでは、ここで話が終わってしまいますが、もちろん、それだけではありません。単価を上げるということは、それだけの価値を提供する必要があります。「じゃあ、私の商品、どうやって価値を高めて単価を上げたらええのですか?」という声が聞こえてきそうなので、ここから単価を上げる3つの段階をお伝えしますね。

【単価を上げるための3段階】

商品、サービスのタイプによって違うので、それぞれ説明していきましょう。

〈教えるサービスの場合〉

コンサルティングやコーチングなどあなたが人に何かを教えるタイプのサービスでビジネスをされている場合、例えば、ビジネスや恋愛、健康のコンサルタントやコーチがここに当てはまります。

コンサルタントやコーチが単価を上げようとする際に一番重要な段階は「教える(Do yourself)」です。言葉のままなので内容の説明は不要ですね。ただ、この情報が溢れている時代においては、この教えるということの価値は非常に低くなっています。なんせ無料の媒体でもこれまでは有料級だった情報が当たり前のように溢れていますからね。ですので、私がおすすめするステップは次の段階です。

次の段階とは「一緒にやる（Ｄｏ ｗｉｔｈ ｙｏｕ）」ということです。

僕はＴＭＣというコミュニティ内でコンサルタントをしているのですが、僕はよく「一緒にやりましょう！」とお伝えしていて、するとメンバーさんは「頼もしいです」と言ってくれます。それこそセールスの時に伝えれば「中農さんが一緒にやってくれるなら、余裕で元が取れるだろうから、ここで高額支払いしても大丈夫やな！」と考えて契約してくれるのです。そう、一緒にやりながら教えるので、確実に成果が出ますから、心情的にも単価を上げやすいんです。

３つ目は「代わりにやる（Ｄｏ ｆｏｒ ｙｏｕ）」です。

「あなたが商品を売りサービスを提供するなかで、手が回らないこと、苦手なことがあれば僕が代わりにやりますよ！」ということで、例えば、ＳＮＳ集客やセールス、事務作業などを代行している人は多く、そのクライアントさんのビジネスが上手くいくと、「あれも、これもお願いします！」と依頼が増えていくこともよくあります。

このように、同じ商品、サービスでも「どこまで手を加えるか」で3段階の単価アップの手法になるわけです。

〈店舗系ビジネスの場合〉

ここでは、1つの店舗を例にとって説明をしましょう。

1回の施術が1万円のエステサロンがあったとします。

あなたなら、どうやって値上げしますか？

「回数券を売る」「施術時間を伸ばしてお得感を感じてもらう」「オプションをつける」、このあたりの答えが返ってくることでしょう。


これらは、すべて「アップセル」に含まれます。アップセルとは、顧客1人あたりの単価を上げるということです。もちろん正解で、これが1段階目になります。

先ほども触れたように、顧客単価は大事な考え方ですが、さらに、その概念にとらわれない単価アップの方法をお伝えしましょう。

現状では、ただサービスを受けているだけのお客様に、「あなた自身もサービスができるようになりますよ」とか、「サービス提供者の側になりませんか?」と促してほしいのです。つまり、養成講座を販売するということですね。これができたら、来店しなくても、自分自身でエステができるのでお客様にとってはメリットになります。

ここまできたら、さらにもう一段上の段階へ、お客様を導きたいですね。それは「この技術を使ってビジネスができるようになりますよ」という経営ノウハウまで教えるということです。お客様はこれでお金を稼ぐことができるので、たとえ単価が上がったとしても、最終的には元が取れると判断してお支払いをしてくださるわけです。

コーチングもそうですよね。「コーチングを提供します」が初期の段階。「コーチングができるようになります」が2番目です。「このコーチングでビジネスができるようになります」が一番上(3段目)になります。

売れているコーチングサービスは、結局「コーチングでビジネスができます」というところに対してお客様にお金を払っていただいています。

このように、「投資したお金を回収できる」という概念を商品サービスの中に取り入れると、単価が上がっても売れるようになるので、ビジネスは安定し、たくさんの集客も不用になります。

ですから、みなさんには3段目の段階＝最終形態をぜひ目指してほしいですね。単価が上がっても売れるということは、世の中のニーズに合っている商品ともいえますから、自信も深まります。

〈クライアントワーカーの場合〉

クライアントワークとは、企業や個人から依頼されて、主に何かを製作する仕事です。

動画編集者やデザイナー、LINE構築をする人が、このケースにあてはまります。そして、第一の段階は、まず自分でやるということ。次に、各担当者を束ねるディレクターとして活動。最後にトータルプロデュースという3段階を踏むといいと思います。

動画編集1本5000円で自分が仕事を受けたとします。評判が良かったら、お客様が増えてきますね。ただし、お客様が増えてきたら、時間がなくなり、自分でさばききれなくなります。

では、どうするかというと、5000円で受けた仕事を4000円で下請けに出すのです。

もしくは単価を上げるというやり方もあります。5000円で受けていた案件を値上げして1万円にする、というように。

1万円に上げると、一時期、お客様は減ります。けれども、そのまま続けていると「1万円でも頼みたい!」と考える人が増えてくるものです。そこで今度は5000円で人に頼めば、自分の利益はしっかり確保できます。

それだけではありません。手をとられる仕事は人に任せていますから、自分の時間が増えます。すると今度は「YouTube動画の編集だけじゃなくて、他のSNSもまとめてプロデュースしてくれない?」という依頼が引き受けられるようになります。

SNS媒体全体を勉強すれば、Instagramはこの人に任せる、YouTube

はこの人に任せる、動画編集はこの人に任せて、といった形でトータルプロデュースができる人になれるんですね。

トータルでプロデュースするようになると、単価はさらに上がりますから月々30万円程度は軽く達成できるでしょう。

クリエイターやクライアントワーカーの人は、こういうルートを通ると単価を上げやすいと思います。

拡大ステップ❷　巨人の肩に乗るという戦略で進む

すべて一人でやるその発想を捨てる

みなさんは繊細でありながらも起業家への道を進んでいるわけですが、会社員として働いた経験がある人は思い出してみてください。会社という組織のなかであれば、

みんなが役割を分担して働いていますよね。
経営者は意思決定が仕事、企画部は商品やサービスを考えたり、マーケティング部の人は販売戦略を考えたり、営業部の人はセールスをしてくれたりするわけです。そして、売れたら店舗などの従業員やアルバイトがサービスの提供をする。会社組織ではこういったことが一般的ですね。

ところが、みなさんはいざ起業をしてみると、自分で商品やサービスをつくって、セールス・マーケティングを考えて、その後サービスの提供までをするわけです。

ここで、「ぜ〜んぶ最初から一人でやらなきゃあかんのか?」ということを改めて考えてみてほしいのです。

人によって得意、不得意ってあります。集客が苦手だったら得意な人にやってもらったらいいし、商品はないけど、すごくいい商品を持っている人を知っているなら、かわりに売ってあげてもいい。さらにそれを上手くできる人に頼る。これが「巨人の肩に乗る」という発想です。

「起業する時は自分の商品やサービスがあったほうがいい」とか「単価を上げよう」というお話をしてきましたが、「巨人の肩に乗る」の発想で行くなら、そういった話をすっ飛ばしてお金を稼ぐことができます。

ビジネスが成立している人と出会い話そう!

〝巨人〟に限らず、「誰かと組む」ということはビジネスの拡大には必須といえます。

僕自身のお話をしますね。僕のＹｏｕＴｕｂｅ動画の視聴者さんのなかに、メルマガやＬＩＮＥに登録してくれる人が増えているのですが、さらに「中農さんのサポート、ちょっと受けてみようかな？」とか、「中農と組んだら、俺、意外といけるんちゃうか？」とピンときて個別相談を申し込んでくださる人がいます。そこで、僕のコンサルティングのことや起業プロジェクトＴＭＣについてお話をしながら、性格や価値観があっていそうならＴＭＣ内でセールス、マーケティング、サービス提供にトライしませんかと提案します。

繊細な人が多いので「私には何もできることありません」と言われることがよくありますが、そんなことはなくて、必ず得意なことがあるし、実際にみなさんが見つけてきています。また「他に上手な人がいるでしょう？」と聞かれもしますが、やってくれる人はたくさんいても困らない、むしろセールスやサービス提供の人はいくらでもほしいので、僕はＴＭＣメンバーに発注しているのです。

もう1つ集客ということでいえば、実際にサービスを受けてくれた人が、友人知人で必要そうな人にTMCを紹介してくれたら、これは立派な集客ですよね。「集客は難しい」と言いながら、このような感じで集客してくれる人は少なくありません。ありがたいことです。ですから、この集客をかわりにやってくれた人にも営業代行料としてお金を支払っています。

僕のようにすでにビジネスが成り立っている人と組む。これを「巨人の肩に乗る」と呼ぶのは先ほどもお伝えした通りです。じつはコレ、ゼロイチ（0→1）の売上を立てる時の裏技でもあるのですが、人に任せる立場なら、ゼロイチ後の拡大フェーズに使える方法になるわけです。どちらにしても、お互いの利益を考えられる人や気の合う人、組むに値する人と会って話すことがとても大切になってくるのです。わがTMCではその機会を多数ご用意しています。

あなたが自分の商品サービスを持っていたとしても、集客が苦手だったら、集客ができる人に任せればいいし、セールスが苦手だったらセールスできる人に任せればいい。あなたがセールスやマーケティングをして自分が考えた商品やサービスの構築や提案をするのでもいいですし、サービス提供のところだけ外注して他の人にやってもらってもいいんです。そうすると、時間や心の余裕が生まれます。

それなのに……一人でやる必要はないのに、どうしてもみなさんは一人でやろうとするんですよね。

作業を分担するので売上を分けることになりますから、利益率は当然低くなります。それでも、自分のやるべきことがシンプルになりますし、自分の強みを十分に生かすことができるので、分担することでビジネスは上手く回っていきます。こういうことも、ぜひ考えてみてください！

拡大ステップ❸ とにかくまず売ることに注力する

じつは何を売るかを事前に決める必要はない！

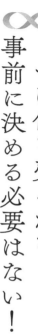

ビジネスになる、あるいは自分が売りたいと思える商品やサービスを思いついたとしましょう。その次に、よく起業塾で言われることは「リサーチをしなさい」、「そこに市場があるか、ライバルがいるかを調べなさい」です。

ここで、みなさんに覚えておいてほしいことがあります。それは、これからの時代の新常識は「まず売れ！」ということです。

みなさんには、リサーチをやってはみたものの、挫折をした経験はありませんか？　そして結局はリサーチの結果を無視して動いていませんか？　じつは、それでいいんです。これから必要なのは新常識だから。リサーチ無視ということは、競合無視ということで、これこそが大正解なのです。

あなたは大手企業のなかでシェアを取る戦いをやっているわけではありません。個人起業家で、しかも繊細起業家です。個人起業家は自分のまわりの人をお客さんにしていくわけですよね？　ですから別に、競合を意識したシェア争いをしているわけではないので、競合は無視していいのです。

あなたの競合さんは、その人自身の周辺の人をターゲットにしています。ですから、あなたはあなたのまわりのお客様になってくれそうな人にアプローチしていけばいいのです。

競合を積極的に無視することには大きなメリットがあります。競合は、もうすでにあなたよりビジネスが先に進んでいる格上である可能性が非常に高い。競合調査なんてしようものなら「俺が参入する余白、全然ないやん?!」とモチベーションが下がる危険性があり、上を見たらキリがない、だから見てはいけません。

そして、「まず売れ！」に話を戻しましょう。驚かれそうですがこれも新常識、商品の内容を決める前に「売れ！」です。

「え？　どういうこと?!」となりますよね。「きちんとつくり込んでから出さないと、いけないいんじゃないか」と考えるのが普通です。

これこそが、リサーチする人がやる方法です。マーケットやニーズなど、あなたはリサーチをしていませんよね？　だったら、商品の内容を決めてはいけません。

顧客をサポートしながら商品の内容を決めればいい

いきなりですが、リサーチをしてないあなたの商品は、世間のニーズから大抵ズレていると思って間違いありません。すみません、繊細なそこのあなた、傷つかないでくださいね。

「お客様から、そんなのいりません！」と言われそうで怖いですよね。実際に言われることが多いです。誰もが通る道だと思ってください。

そうです！　だから決めないんです!!　決めずに「成果」だけを約束するんです。「私がサポートして、ココまでは到達してもらいます！」という感じで。それだけをしっかり決めて、あとは「お客様にあわせて柔軟にやります」と言って売るんです。

これが重要です。そして、これが結局はリサーチになります。「リサーチは現場にある」ということです。

まずは売って、商品やサービスの内容はお客様が「こういうことに困ってる」というのをヒアリングして、それを解決するコンテンツを提供するのです。

具体的には、グループコンサルティングがいいのか、個別コンサルティングがいいのか、それともチャットで相談を受けたほうがいいのか。頻度は月に1回がいいのか、週に1回がいいのか、それとも無制限がいいのか。全部、お客様をサポートしながら要望を聞き、向き不向きを見ながら決めていけばいいのです。

僕のTMCもそうやって運営してきました。2022年8月にリリースした内容と、2023年の現在提供してる内容とでは、まったく違います。変化、進化しているんです。

意見をお客様に出していただき、そこにのみコミットする。内容なんてどうにでもなるので、柔軟に考えればいいのです。ちなみに、市場や顧客ニーズからズレすぎている商品サービスはそもそも売れませんから、「売る」をやってみて全然上手くいかないなら、それがある意味リサーチにもなっています。というわけですから、まずは売ってみましょう。売れてもいいし、売れなくても大丈夫。なぜなら、リアルな市場調査（リサーチ）ができたということですから！

拡大ステップ④ 安定的・継続的な売上のために必要なファネル設計を！

∞ 人間関係、ビジネスの流れを示す〝三角の図〟

ここからは、「ファネル設計」の話をしていきますね。

あなたがビジネスをやり、永続的に売上を上げ続けようとするなら、この「ファネル設計」が必須になります。

まず、ファネル設計とは何かですが、ファネルは「漏斗《ろうと》：逆三角形のすり鉢状の器具」のことをいいます。ビジネス用語として使う際には、顧客が、その商品を知ってから購入するまでに、まるで漏斗に流し込まれてどんどん少数になっていく流れを図式化したものです。

例えば、Facebookなら多い人で500人～1000人の友達がいますよね。そのなかで、「あなたと実際に仲のいい人」となったら、ちょっと人数が減りますよね。さらに、「あなたを仕事で選んでくれる人」となったら、また人数が減ります。ダメ押しで「あなたにお金を払ってもいいですよ、という人」になったら、またまた人数が減りますよね。このように条件を厳しくしていくと、少人数になっていく様子を逆三角形の図で表しているのです。

このファネルをもう少しビジネス寄りで考えてみましょう。あなたのことを知っている人はたくさんいます。けれども、あなたから「情報を受け取ってみようかな?」とか「この人の話を聞いてみようかな?」と思う人となったら、やはり人数は減りますね。

さらに、あなたの情報を受け取ってくれた人のなかで、「直接会ってみようかな?」と思う人となると、もっと減ってきます。

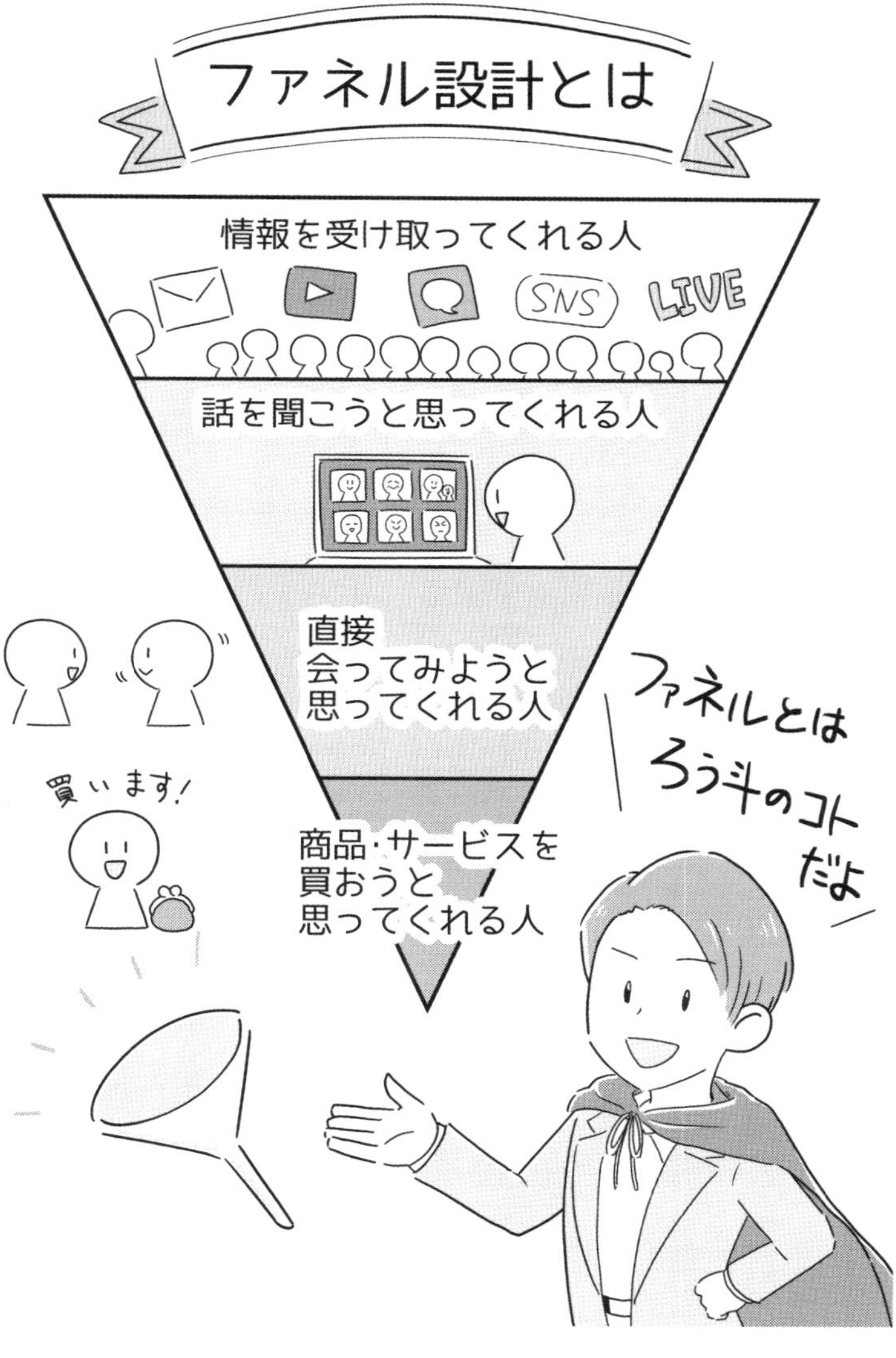
ファネル設計とは
情報を受け取ってくれる人
SNS
LIVE
話を聞こうと思ってくれる人
直接
会ってみようと
思ってくれる人
買います!
商品・サービスを
買おうと
思ってくれる人
ファネルとは
ろう斗のコト
だよ

直接会ってくれた人のなかで「あなたの商品、サービスを買いたいです！」となる人、それはもう、かなり減るわけです。繊細起業家さんのあなたは、減るたびに落ち込んだりしないでくださいね。誰がやっても同じですから。

実際のビジネスにあわせた「ファネル設計」となるとこうなります。僕のＹｏｕＴｕｂｅによる集客を例にしましょう。ＹｏｕＴｕｂｅ動画をまず視聴者が見てくれます。次に、ＹｏｕＴｕｂｅ動画のなかで「メルマガ（メールマガジン）、公式ＬＩＮＥへの登録をお願いします！」とお伝えしているので、関心を持ってくれた人はメルマガや公式ＬＩＮＥを登録してくれますよね。さらに、そこから僕の商品サービスが気になって個別相談にお越しになる。そこで商品やサービスを手に取って購入してくれる人が出てくる。と、このような設計になっています。

ここで大切なポイントがあります。それは「最後の、成約するところから逆算して設計する」というところです。商品が売れてお金が入る。ここが目標というか１つのゴールなので、ここにどれだけ人を残せるかが課題になります。つまり、バックエンド（後述するフロントエンドで価値を感じてくれたユーザーに購入してもらうことが目的の本命商品のこと。品質が高く利幅が大きいことが多い）からつくるのです。この後、詳しく説明しますね。

認知、教育、フロントエンドバックエンドから構成

まず、バックエンドの商品、サービスを売るために何をするのか？　というと、フロントエンド（ユーザーが最初に目にする商品やサービスのこと。集客を目的としているため、安価で利幅も小さいことが多い）をつくります。さらに、このフロントエンド商品にたどり着いてもらうために必要なのが教育です。「これがあなたにとって必要です」とお教えするのが教育で、そのために今後は情報発信をする必要があります。

僕もYouTube動画を使って先にお話ししたファネル設計で発信しています。ただ、問題は、動画は視聴者が見ようと思ってくれないと見られないことです。僕た

ちにできるのは「待ち」なんですよね。「見てくれへんかな〜」とね。このような発信形態は「プル型（受信者が自ら能動的に情報を取りにいくこと）」と呼ばれます。ここはファネルの三角形の一番上の部分なので、その下をつくる必要があります。

次にくるのは、「プッシュ型（発信者が自分のタイミングでユーザーに情報を伝えていくこと）」のコンテンツです。何かを教育するところ、お知らせをする発信形態ですね。

先にプル型発信の段階で公式ＬＩＮＥやメルマガ登録を促しておく。そして登録してもらえたら、「こういうことやりますよ！　試せますよ！」とか、「こういう人を募集しています」とプッシュ型の通知ができるようになります。

このように「プッシュ型」ができると、こちらから届けたい情報を届けたいタイミングで提供し教育ができるんですね。

まとめますと、

①ＹｏｕＴｕｂｅ動画で視聴者が、僕を知ってくれてメルマガや公式ＬＩＮＥに登録

してくれる。

②次にミニセミナーなどのイベント企画に来てもらって、フロントエンド商品を検討して購入していただく。

③購入後は、97ページから説明した【単価を上げるための3段階】の要領で単価を上げていく。

このように進んでいくと、取りあえずのファネル設計ができてきます。ファネル設計ができたら、あとは実践していくだけ。そして実践しながら強化していけばいいのです。

ファネル設計は人によってさまざま自分の型を探すこと

先ほどファネルの話をしましたが、商品やサービスがあっても、買ってくれそうな人を見つけてきて売れば、ビジネスはある程度成り立ちます。そのせいか、僕のまわりの起業家さんでも、ファネルをつくってない人は意外と多いです。

僕のところに来たときに「ファネルどうなってますか?」と聞いても、「え? ファネル?」みたいな（笑）。

「どうやって売ってますか?」と聞いたら、口コミとか、セミナーで会った人に、とかそんな行き当たりばったりの売り方をしている人がちらほら。

そういう人は、「ココとココはできてて、ココを飛ばしてるから、つながるように設計組んでいきましょうか」とアドバイスするだけで、売上は目に見えて安定していきます。

僕が売上が300万円くらいの人を、1000万、2000万円に達成させてあげられるのは、ファネル設計をきっちりとやるからなんです。

僕たちが目指すところは、安定的で継続的な売上の獲得です。そのために、このファネル設計はかなり重要です。

設計後はひたすらPDCA（Plan計画、Do実行、Check測定と評価、

Action対策と改善、それぞの頭文字からつくられた造語。これらの工程を繰り返し、仮説と検証を繰り返すことで、商品やサービスの品質を継続的に改善することを目的としている）の形でグルグルグルグル回すだけです。ファネルは回せば回すほど売上が上がります。

PDCAの対策と改善の部分でいえば、例えば、広告費に100万円かかっているところをなんとか50万円にできないかな、と考えます。FacebookやInstagramを利用しているのだったら、どれだけの人数がそこから公式LINEやメルマガに流れてくれているかな、とチェックする。

公式LINEでどういう企画を打ったら人が来てくれるかな。来てくれた人がどうやったら個別の相談に進んで成約してくれるかな。現在の成約率30％を50％まで上げるには、商品、サービスをどう手直しすればいいかな、と改善しながら進んでいくわけですね。

ファネル設計について説明してきましたが、実際にはこの設計は一人ひとり全然違ってきます。個性にあわせる必要があるので、特に繊細起業家さんには、僕が一緒になってファネル設計をしていくんです。

そのほうが確実でスピーディーですが、この本では、ほとんどの人やビジネスに当てはまる流れを説明していますので、わざわざ僕に直接相談しなくても、書いてある通りにつくり込んでグルグル回せば、毎月安定した売上が立ちますので、ぜひ、やってみてくださいね。もし、うまく進まないことがあれば、その時はご相談にきてくださいね。

「集客」はここから！あなたを知ってくれた瞬間を逃すな！

商品ができました！　フロントエンドもできました！　そして、ファネル設計が完成しました！　となって、ここで初めて「集客」を考える段階に入ります。ここ、間違えないでくださいね。

繰り返しになりますが、ファネル設計ができるまでは、集客はしなくていいんです。むしろ、したらダメです。ファネルの最後にくるバックエンドができていないのにお客様を集めたところで、どこかの段階で途切れてしまいますから。

以前、僕も集客したくて広告を回してみようと思い起業塾の先生に相談したところ、「オマエ、ファネルのここが全然つくれてないやん！　広告なんかやるな！」と言われました。

でも、僕、やっちゃいました（笑）。

それで実際に、広告を回してみたら、知らない人がいっぱい来たんで、最初は喜んでたんです。でも、結局、誰も買わなかった。ファネルの下のほうを設計していなかったら、集めたところで無駄だったんですよね。

お客様候補の人は、知り合った瞬間はあなたに興味を持ってくれるかもしれませんが、時間が経つにつれて、その興味が薄れていきます。

ということは、あなたのことを知ってくれた瞬間が商品・サービスを買ってくれる最大のチャンスだったりするんです。その瞬間に購入への流れへとつなげるファネルができていなければ、顧客損失になります。

ですから、ファネル設計をつくるまで集客はしてはいけないんです。

逆に、つくり込んだら、集客をガンガンやっていきましょう！　効果を実感できるはずです。

∞ 無料の集客の魔力に惑わされないこと

ファネル設計をきちんとしていけば、何人にお話しをしたら、何人が買ってくれるかがわかってくるようになります。

ということは、どれくらい集客にコストをかけても元が取れるかということが、大体予想できます。ゆくゆくは集客にコストをかけるべきなので数字が読めることは大切です。ここで「集客にはお金がかかる」とマインドセットしておくことも重要ですね。


売れない起業家は、無料で集客しようとします。無料の集客は、時間と労力をたくさん消費するわりには、あんまり効果がないんです。

やってもかまいませんが、有料集客のほうが楽で効果的です。

もちろん、集客は初心者の方にはハードルが高いと思います。

実際、一緒に話していて、「そろそろ、広告費かけてもいいですね」と言うと、みなさん「えぇ～?!」といった反応をするんです。

気持ちはわからないわけではありません。僕もSNS広告を使っていて、「本日1万8000円を消化」という報告が毎日毎日届くたびに、軽く汗ばみますから。怖いですよね、やっぱり。

けれども、売上を上げ続けるために、SNSを毎日更新するというのは、しんどくないでしょうか？

クライアントさんのサポートを最優先にしていたら、複数のSNSへの発信を自分だけで毎日やっていられないじゃないですか。

ですから、かわりに手伝ってくれる人を入れてお金をかけて集客をやっていくのです。自分一人でやらないこと。無料のＳＮＳでも代行を入れて有料集客にする。そしてＳＮＳと同時に広告も回していくことです。

広告はデータも取りやすく、かなり有効な手法ですし、ビジネスの拡大に必須である集客のためにお金をかけるんです。お金をかけながら、もっと大きい売上を出してビジネスを回していく。これこそが起業家がやるべきことなのです。

アウトプット・メモ

ここまでで学んだことや気づきを
書き出してみましょう！ 理解が深まります

《第1章》

●学び

●気づき

《第2章》

●学び

●気づき

《第3章》

●学び

●気づき

《第4章》

●学び

●気づき

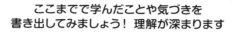

繊細起業家さん体験談❹

マインド重視で同業者サポートを商品化 3カ月で120万円の売上を達成できた！

山田佳弘さん（40代・奈良県）

ノウハウやスキルよりもマインドが大切と気づいた

整骨院を開業して11年、経営状態は順調で、痛みや体調不良の方々のお役に立てていることはもちろんですが、アスリートのメンテナンスに携わることができ、そういった方々の成績が伸びていることに大きな喜びとやりがいを感じていました。

院内の人材育成も進んでいるので、そろそろ次のステップに進みたいと2年ほど前から思うようになりました。次のステップとは、目の前の患者さんを救うというフェーズから、患者さんを救える人を増やすというフェーズに進むことで、具体的には経営に不安を感じている治療院のサポートをビジネス化することです。

その一環として、昨年の7月に集客塾に通い始めたのですが、治療院経営者の個別サポートという大枠は決めていたものの、コンセプト設計や実際の行動はどうするべきか、というところで迷うところも多くて。このタイミングでたかみっちーと出会いました。

少し話しただけでも、アドバイスが非常に的確であることを感じ、彼が主催する起業プロジェクトＴＭＣに入らせていただきました。約半年前の２０２２年８月の終わり頃のことです。

自分のビジネスが変わる起爆剤になったのは、思い込みを変えていただいたことでした。やはり経営者への個別サポートをするのであれば、スキルとかノウハウっていうものをどんどん教えていって、技術をあげるためのコンサルをして行けばいいと思っていたんです。

けれども、たかみっちーの教えを受けて、それらも大切だけれどもプラスして心のことが重要であると考えるようになりました。

自分が満たされている状態になったことで、その状態でお客様に接するとセールスも契約後のコンサルも成功するということを、身をもって知ることができました。

ですから今はどちらかというと、この心の部分、自分を満たすというところを意識して、日常から整えています。セールスする時だけ違う人になるというのは、無理がありますから。

TMCでは人のいいところを発見するワークをすすめられるのですが、特にこれのおかげで人の接し方とか話し方など受け答えが変わりました。相手のいいところを発見しながらお話しさせていただくと、「もう、この場に来ている時点であなたは素晴らしい。成功していく道筋にいることは確かだ」と思え、それが自

然と売上にもつながってきたんです。

ファーストキャッシュはわずか1カ月で！

治療院向けのサポートを商品化しリリースしたら、1カ月後ぐらいにはファーストキャッシュ10万円を得ることができました。昨年の12月に2名のクライアントさんからお申し込みをいただき、ＴＭＣ入会から3カ月目になると、売上は１２０万円を達成できました。

初めは身近な方にお声がけして、

そのつながりで別の方もご契約をいただき、そこからは集客をしてくれる会社から「セミナーをしてみないか?」と声をかけていただいて、月1回のセミナーを開催しています。すでに3回行っていますが、各回とも約40名の集客ができました。ご契約にも結びついていて、自分自身の成長を大いに感じています。

私の施術は、潜在的な筋力を目覚めさせるもので、関節や内臓を支えるのも筋肉なので痛みとりにも効果的ですが、アスリートの能力向上も得意としています。今もプロ野球選手の方などのケアをさせていただいていますが、日本の野球が強くなるお手伝いももっとしたい、これが今後の夢の1つ。そう、縁の下の力持ちとして日の丸を背負いたいんです。TMCで身につけた人に寄り添うマインドは、この時にも必ず役に立つと確信しています。

・第5章・

ビジネスも人生も
続くものだから

継続的な売上を獲得するシンプルタスクとは?

細かなタスクを決めてから大きな目標や行動指針を決めるのはNG

大前提として、やはり起業したからには、みなさんに持続的に売上を上げていってほしいと僕は思っています。ちょっと厳しいことを言うと、「100万円一発稼ぎました！」では、まったく意味がないのです。

みなさんは、毎月いくらを継続して稼ぎたいのかなど、具体的な願望がありますか？起業家として理想のライフスタイルを手に入れようと思ったら、毎月継続して100万円くらいの売上がほしいところではないでしょうか。もちろん100万円が大きすぎる金額と感じるなら50万円でもかまいません。

問題は金額よりも継続的に売上を上げることですが、じつはこの点に多くの人が悩みます。なぜなら、人というのは自分の行動を管理して、何かを継続させることがなかなかできない生き物だからです。

ではどうしたらいいのでしょうか。みなさんは、「3つの大きな石」の話をご存知でしょうか。僕はこのお話を、女性起業支援をされている叶理恵さんから教わりました。コップの中に、砂利と3つの大きな石を入れたい時に、どちらを先に入れるべきかというお話です。

先に砂利を入れてから3つの大きな石を載せると、コップから石がハミ出してしまいます。反対に、3つの大きな石を入れた後に砂利を入れるとコップの中に両方が収まる、というのがオチです。要は、細かなタスクを決めた後に、大きな目標とか大きな行動指針を決めても、現実的に上手くいかないという例えです。

「人は10年でできることを実際は壮大なのに小さく見積もる
一方で1日や1カ月でできることは限られているのに大きく計画する」

この癖といいますか、壁を乗り越える有効な手段として、この章ではビジネスにおいて売上を継続的に上げるために優先すべき1カ月で取り組む「3つの大きな石」について、お伝えしていきたいと思います。

ビジネスのハミ出しを防ぐ「大きな3つの石」とは？

①セールス

まず1つ目の石。それは「セールス」です！

セールスの機会をつくること、もしくは起業初期の頃であれば特にセールスの成約率を高めることを目指しましょう。これはずっと心がけていく必要があります。もっと言ってしまいますと、自分の商品がなくても人の商品を売ってあげればいいのですから、セールスができるだけで、もう売上が立つのです。

当然、セールスはやるほどに売上は上がります。ところが、セールスをやってないのに「売上がありません」という人がいまして、「いやいや、当たり前やろ！」と思わずツッコミを入れたくなってしまいます。

中農「来月の個別相談を増やす活動は、何をしていますか？」

クライアントAさん　「えっと、それよりも今はインスタグラムの投稿を頑張りたいんです。それから困っているのは売上がゼロなことです」

中農　「……（黙）」

僕たちのような個人起業の場合、個別相談はお相手の話を伺いながらニーズのマッチングをして、そしてニーズがあることがわかればセールスにつなげるために行うものですが、それをしていないということは、基本的には売るための行動をしていないということです。心当たりがある人にとっては、耳が痛い話かもしれませんね。

②リスト獲得（新規集客）

次に2つ目の石。それは「リスト獲得（新規集客）」です。

多くの個人起業のビジネスモデルにおいてクライアントは常に入れかわるものですから、新しい人と出会いリストを獲得することはイコール、新規のお客様になる可能性のある人たちの連絡先を得る、ということも続けていく必要があります。

これは人によっては続けるのが難しいので、お金を払って広告を出すとか、お金を払ってSNSへの投稿を業者や得意とする人に手伝ってもらったりして継続している人もいます。

③実績を出す

最後に3つ目の大きな石。それは「実績を出す」です！

これは、「お客様に成果が出ている状態をつくる」ということなのですが、僕自身がビジネスをしてきて得た結論として、ここが一番大切で、最も大きな石です。

例えば僕たちのような起業コンサルタントにもよく見られることなのですが、基本的にお客さんと契約を結ぶ、つまり売上を上げた時には、第三者である他人に評価されたりするわけですよね。売上は数字であらわせるので、わかりやすい実績として他人から評価されるのです。

けれども、実際に起業コンサルに求められること。ビジネスとは何かと考えた時に、一番大事なことは契約してくれたお客様の問題を解決することのはず。それにもかかわらず、売ることばかりに一生懸命になってしまい、買ってくれたお客様のサポートが手薄になるということが少なからずありますが、これは論外です。

「お客様のためにサポートをする」これがビジネスをするうえでは当たり前なんです。ですが、僕はこういう考え方に加えて、次のことを提案したいです。それは「あなたのビジネスが上手くいくために、お客様をサポートしてください」ということです。

理由は、新規顧客だけで売上を立て続けるのは、めちゃくちゃ難しいからです。では、これを簡単にするにはどうしたらいいかというと、すでに関わっているお客様に結果を出させる、つまりお約束したことを果たす、ということです。

「あなたの売上をアップしますよ」と言ったなら、お客様の売上を上げるために一生懸命にサポートをする。「夫婦関係を改善しますよ」と言ったのなら、お客様の夫婦関係を改善するために一生懸命にサポートして結果を出す。そこに集中するのです。

すると、どうなると思いますか？

結果を出したお客様が、「中農さんのおかげで結果が出た！」とまわりの人に言ってくれるようになります。そして、そのお客様のまわりにいる人たちが「私もそうなりたい」と言って来てくれます。直接声をかけてくれなくても、そのお客様が「結果が出た、うれしい！」と喜ぶ姿を見た人が「紹介してほしい」と言ってくれたり、自力で探して連絡をしてくれたりすることだってあるのです。

この循環こそが、紹介という貴重な集客経路です。「リファーラル」という言い方もします。

あるいは、同じお客様が「もう1年、中農さんのコンサルを受けたいです」と言って継続してくれる可能性もあります。いわゆるリピートですね。

意外かもしれませんが、新規で集客するよりもリピート客を増やすほうが、時間的コストだったりお金のコストだったり労力コストが、5分の1で済むというデータがあるので、決してあなどってはいけません！

∞ 売上倍増のカギは顧客流出を抑えること

数値の話でいいますと、マーケティングの神様とも呼ばれるアメリカの経営学者フィリップ・コトラーは「顧客の流出を5％抑えるだけで、利益が20〜80％増える」と言っています。つまり、新規にばかり目を向けるよりも、自分を選んでくださったお客様を一生懸命にサポートするほうが、経営が上手くいくということです。

ところが、新規獲得にばかり目を向けたがる人が多い。もちろん新規獲得も最初は必要なのですが、長期的に安定したい。お客様に感謝をされながらお金を受け取りたい。そう考える繊細な起業家ならむしろ、既存顧客に注力するべきなのです。新規顧客を一度獲得できたなら、次は毎月毎月どうやったらこのクライアントさんによりよい価値を提供できるか、そのことを一生懸命に考えることが大切になってきます。

まとめますと、1カ月という限られた時間の中で行うべき3つの大きな行動指針としてはセールス、リスト獲得、実績を出す。シンプルにこの3つに集中すると、ビジネスが安定して毎月継続して売上が上がっていく、ということです。

「もしかして、その3つが石なら、他の細かい作業は砂利？　後回しってこと？」と

大きな石は先に入れるのが正解！

気づいたそこのあなた、正解です！　事務作業を一生懸命にやってる人、LP作るのに一生懸命になっているみなさんに、「それ、今すぐ外注して！」と、声を大にして言いたいです。

特に自分にとって得意ではなくて時間がかかるだけの事務作業やLP制作、SNSでの宣伝作業は、この「3つの大きな石」に取り組んでから隙間の時間でやってください。そのほうが、絶対に成果がでます。

ちなみに、僕のメールマガジン登録の募集ページなどは、昔のダサイ状態なままです。なぜなら、募集ページの修正作業は「砂利」であって、優先順位が低いから。そして僕のクライアントさんたちは結果が出ているので、募集ページがダサいままでも、口コミや紹介で新規のお客様が継続的に来てくれています。

僕だけが特別上手くいっているわけではありません。みなさんも「3つの大きな石」を最優先にしていたら毎月の売上が安定し、さらにはアップしてくるはずです。

〝なんとなく〟を言語化して未来をより明確にする

最後はビジョンやミッションについてのお話をしたいと思います。なぜなら、1年後のあなたの未来をつくっていくことを考えた時に、これらは外せない要素だからです。

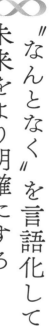

まず、ビジョンやミッションとは何か。ぼんやりとはわかっている人もいると思いますが僕なりに定義しますと、ミッションというのは、「あなたの使命」だと言っていいでしょう。

一方、ビジョンとは、「こういうことを達成します、こういう未来にします」といった誓いのようなものです。3章でも、ビジネスは最初にゴール設定をすることが大切だというお話をしましたよね。そのタイミングで考えてくださってもいいのですが、ビジョンやミッションはある程度ビジネスが形になってから考えたほうがいいと個人的には思っています。

理由は、何もしていない人がビジョンやミッションを考えようと思っても机上の空論になるからです。行動ベースで進んできて、ある程度経験を積んだ上で語るビジョンやミッションは重みが違います。

行動や失敗をせずに、何も経験値がないままで掲げたビジョンやミッションなんて、人に語ってもスベりますし、何より自分自身に腹落ちしないはずです。

ただし、行動をしていないからまだ考えるのを後回しにしたらいいかというと、そんなこともありません。仮にもこれまで20年、30年、40年、50年、60年と人生を生きてきたわけで、行動も失敗も重ねてきているはずです。ぜひ一度は考えてみましょう。大切なのは言葉を与えることです。

みなさん、自分のビジネスを通して「こんな未来を達成したいな」とか「こういう人を助けたいな」とか、なんとなく思ってたりしていませんか？　その〝なんとなく〟

を腹落ちする言葉にできている人は多くないなと感じていますが、これを言語化できた時に、みなさんのなかの情熱であったりエネルギーが溢れてきます。

僕の場合で言うと、繊細な人とか起業に苦しんでる人とか、お金に困ってる人をなんとかしたいという思いがあります。自分が苦しんで悩んできた経験があるからこそ、人一倍強くそう思うんです。

誰か大切な人を守るために今、悩みの中にいる人たちの人生を激変させたい！　それが今の自分のビジョンでありミッションだとわかっているから、ビジネスで大変なことがあっても力が出るんですよね。そして、この情熱の力を使っているから、上手くいっているのだと自負しています。

もちろん、僕だってすぐにここにたどり着けたわけではありません。最初は小さいビジョンやミッションからスタートしました。内側から出てくる本音や欲望でいい。聞こえのいいことである必要はありません。今のあなたの状況で語れる範囲のことで十分。なぜなら、ビジョンやミッションは育っていくものだからです。

会社を辞めたい
リッチになって
いい服を着て
美味しいもの
食べたい
成功して
すごい人と
思われたい
自分のことを頼ってくれる
すべての人を幸せにしたい

ビジネスを続けていけば、自分が貢献できる相手が増えてきます。貢献できる人が増えてくるということは、守るべき存在が増えてくるということです。

僕自身も最初は「自分と家族が幸せでいられたら、それでいいな」って思っていました。でも今は違います。100人を超えるクライアントさんがいてくださいますし、そのクライアントさんと、クライアントさんの家族やまわりにいる人を心の底から幸せにしたいと思って仕事をしています。

クライアントさんたちをビジネスで、いえ人生において、なんとか勝たせるために、自分自身がもっともっと勉強して、もっともっと知識を蓄え、実力も影響力もつけて、守っていきたいからこそ努力ができました。

正直なところ、起業初期はこのようなスケールで物事を考えていませんでした。それでも自分のビジョンやミッションを、ビジネスの段階ごとに明確に言語化しながらお仕事を継続していくうちに、ありがたいことに1億、2億と、売上を伸ばすことができました。起業を頑張ろうとする繊細さんたちに少しでもお役に立ちたいという気持ちが根底にずっとあったから、ここまで来ることができたのです。

みなさんも、もし副業の起業初期なら「会社を辞めたい」とか、自分サイズのビジョンからでいいんです。だんだんと広がっていきますから。そして広がった先に、そのビジョンやミッションに対して、明確な言葉を与えてあげてください。そうすると、あなたが動く原動力になります。少しずつメラメラと情熱の炎も大きくなりますから、どんな困難も乗り越えていけますし、永続可能な起業家へと成長していくことができます。

僕の使命は、繊細な起業家さんたちの人生を激変させること。本気でそう思っています。ですから、この本や僕のコンサルを通して、みなさんが激変してくれればこれ以上の喜びはありません。僕はみなさんのことを、これからも心から応援しています！

繊細起業家さん体験談⑤

――下神幸誠さん（40代・鹿児島県）

経験や価値観を結びつけて副業の商品が誕生
生活のバランス優先でも毎月10万円稼いでいます

本業のストレスで体を壊し
副業で起業を考え始めた

起業を思い立ったのは5〜6年ぐらい前です。

本業は理学療法士、平たく言うとリハビリの仕事です。以前勤めていた病院にはデイケアがあり、現場の責任者をしていましたが、労働環境が厳しいうえに利益アップも求められて、しまいには体調を崩し健康診断に引っかかるように。胃から出血があったり喉にポリープができたりして、ストレスは限界を超えていました。

家族がいるので辞めるに辞められず、本業意外でも稼げる力を手に入れたいという思いから副業をやり始めました。この間に転職は成功するのですが、副業はことごとく失敗。いくつかの起業塾に通うなかで、２０２２年の7月にたかみっちーと出会いました。ＳＮＳにご自分のことを「稼げない人のヒーロー」と書いてあって、この人こそ自分にぴったりのメンターだと思ったのです。

自分でも意外なことがビジネスになった

結果から先に言いますと、形になった副業はＬＩＮＥ構築の仕事でした。色々な起業塾に行ったり試したことだったり、自分の価値観についてもたかみっちーに話したところ、物事を分析して、そこから何かを組み立てることやマーケティングも向いているんじゃないかと言ってくれて。そのなかでもＬＩＮＥが一番行けそうだということになりました。しかも周囲の人に「この人は、ＬＩＮＥの専門家です！」と紹介してくれて、その途端に仕事がやってくるようになりました。

心が整うとビジネスが整い体調まで整ってくる！

正直、びっくりしつつ、わからないことも多いので慌てつつ、目一杯勉強しながら引き受けさせていただいています。それでも、「しっかりヒアリングしてくれる」「レスが早くて信頼できる」「ここまでやってくれるんですか？」という、うれしい声をいただいていて、毎月コンスタントに10万円ほどの月収を上げています。

今は、さらにたかっみっちーに相談しながら、運用やリストつくりもサービスに加えた高額商品をつくり始めているんです。売上が上がることもうれしいですが、より人のお役に立てるとワクワクしています。

じつはたかみっちーに相談し始めた頃、I型糖尿病という治らないと言われる病気が見つかったのですが、状態はかなりよくなってきています。そうなるマインドセットを自分に叩き込んだ体と思っています。マインドの大切さを教えてくれたのも、他でもないたかみっちーです。

私にとっての自由の定義っていうのがあって、それはどんな事柄に対しても自分で責任を持って選択できる状態のことです。今、私はお金にも働き方にも縛られることなく自由で、お金を稼ぐことも、目的ではな

く家族を幸せにする手段の1つになっています。

この本に出会ったみなさんにも、自分らしい自由が手に入れられるはずです。

その可能性をぜひ信じてほしいですね。

・第6章・

とにかく
マインドが
大切です!

最強の繊細起業家になるためのマインドセット法

∞ 繊細さんが一歩を踏み出すためのマインドとは

みなさんのなかには、新しいことに挑戦するのが不安だったり、やって失敗したらどうしようと怖かったりする人は少なくないのでは？　新しく一歩を踏み出すこと自体が苦手で、長い間悩んだり迷ったり踏み出せない、もしくは結局踏み出せなかったという経験がある人も多いのではないでしょうか。

そんなみなさんは、自分の繊細さを弱点と捉えていたり、悪い面にフォーカスしてしまっていたりするように思います。この本のなかで、すでに何度かお伝えしていますが、繊細さは武器になるということを忘れないでください。

突然ですが、バンジージャンプを体験したことはありますか？　僕はあるのですが、バンジージャンプって、怖がって腰が引けた中途半端な姿勢で飛ぶと危なくて、思い切ってピョーンと飛んでしまった方が安全なんです。

ビジネスも同じで、一歩を踏み出す勇気がない人がビビりながら踏み出すと痛い目を見やすい。むしろ思い切って飛び出してしまった方が怪我をしません。

もちろん、頭ではわかっているけれど、その一歩を踏み出せないことも、僕は重々承知しています。そこで、どんなビビりな人も勢いよく踏み出す方法をお伝えしますね。

それは、「後ろから誰かに蹴飛ばしてもらうこと」です（笑）。

読者のみなさんから「どこが繊細さん向けの本やねん！」という総ツッコミが聞こえてきそうですが、本当です。自分で飛べないなら誰かに突き落としてもらえばいいのです。そして、突き落としてもらった時にわかるのです。

「な〜んだ、たいしたことないやん！」って。

一歩踏み出せない時というのは、脳の生存本能を司る部分が「このままが一番安全」とささやいています。具体的には「やっても上手くいかないんじゃないかな?」「やっても意味ないんじゃないかな?」という声をずっと発して、これまでいた場所に引き留める理由をひたすら探している状態です。

「やらないほうがいいんじゃないかな」という引き留めに何回か耳を傾けてしまうと、その引き留めの強いパワーを押しのけてでも突き進むのは、正直、不可能に近いです。

その時は、自力では状況は動かないと自覚して、誰かに「迷うな！」と蹴飛ばされて、〝一歩が踏み出せない問題〟を解決してしまいましょう。

自力で動けないならキックの名人を探すべし

では、誰かに蹴飛ばされるためにはどうしたらいいのか？　なんだか昭和チックなスパルタ調になってきましたが、手段はまっとうですからご安心を。

その手段とは、みなさんがやりたいことをすでにやっているコミュニティなどに、飛び込んでみるというもの。そこにナイスな蹴りをかます人がいるはずです。

何を隠そう、僕はこの種の蹴りの名人を自負しています（笑）。どのような名キックをキメたのか、ちょっとした武勇伝をお話ししましょう。

僕のクライアントさんは30〜60代でいらっしゃるのですが、40〜60代はある一定のテーマにおいてFacebookが集客・認知活動においてとても有効なため、Facebookの活用を推奨しています。

その一環として「積極的にライブをやりましょう」とおすすめするのですが、クライアントさんのなかには「ライブなんてやったことありません」「私、ライブをやるのが怖いです」といって尻込みしてしまう人も多くいらっしゃいました。

そういう時、僕は「Facebookライブのやり方を教えますよ〜」と言って、一緒にZoomを繋いで設定をやり、最後に「その『ライブを始める』のボタンを押してみてください」とシレッとお伝えします。

カンのいいクライアントさんは「コレ押したら始まりませんか？」と怪訝な顔で言われるのですが、「誰も見ていないから大丈夫です」と言って半ば強制的にボタンを押してもらっていました。

で、押してからどうしていたかというと、僕が9割しゃべって、クライアントさんが「はい」か「いいえ」で答えられる質問しかしない。でも、もうそれだけでライブが成り立ってしまうんですよね。

終わってからクライアントさんに「どうでしたか？」と聞くと、「意外と楽しかったです♪」とか「私（ライブを）できたんですよね？」という答えが返ってきます。なかには、途中から自分もしゃべりたくなってしまって、「ライブは苦手」「人前で話すなんて無理」と言っていたのに、1回目からペラペラしゃべってしまう人もいました。

このことからもわかるように、最初の一歩だけは、すでに踏み出している人やわかっている人に蹴飛ばしてもらうのが、安心・確実・スピーディーだということです。そして、1歩さえ踏み出してしまえば、2歩目3歩目は簡単だったりします。少なくとも、やってみたら意外とたいしたことないと気づけます。

ただ、ここまで読んでくださっても、すでに脳の引き留めが始まっていて引き戻されてしまう人もいらっしゃるかもしれません。その場合の、脳のだまし方をお伝えしておきます。それはズバリ「ベイビーステップ」です！

ベイビーステップとは何かというと、踏み出す一歩を小さくするということです。なぜなら、踏み出す一歩が大きい（最初の挑戦がでかすぎる）と、脳は危険だと感じて〝躊躇〟を生み出しますから。

先ほどの例で言うとFacebookライブをやったことない人がいきなり一人でFacebookライブをやるというのは、めちゃくちゃ勇気がいる一歩です。階段でいうと、段差が大きすぎる状態。ですから、その段差の中間くらいの一歩をつくってあげるということをベイビーステップやスモールステップといいます。

Facebookライブであれば、いきなり一人でやるのではなく司会進行役を入れたり、誰かと一緒にやってみる。そうやって自分の納得感が得られるまでハードルを下げることです。

色々と考えてしまう繊細さんに限って、絶対成功しなきゃいけない絶対失敗したらいけないと、自分のハードルを上げてしまったりします。ですが、新しいことを始める時って、「ほぼ誰もが失敗するものだ」ということを知っておいてください。

鉄棒の逆上がりや自転車を思い浮かべてください。みなさんも失敗しながら上手くなったはずです。自転車なら、最初は補助輪付きの自転車に乗ったり、補助輪を外したての時は親に支えてもらったりしながら練習しませんでしたか？

僕は初めてスノーボードにトライした時は、最初から坂がきついところに行くとめちゃくちゃ転ぶので、すごく緩やかなところから練習を始めました。

起業も人生も何でもそうです。新しいことを始める時に一歩を踏み出せないのなら、踏み出すハードルを下げる。これを意識したら、何でも挑戦できると思います。

∞ 繊細さを100％生かすマインドセット7選

さらに、これまで各章でも紹介してきた内容も含め、繊細起業家のみなさんに改めて身につけていただきたいマインドセット7選を挙げていきましょう。胸に刻んで進んでいただけたらうれしいです。

①繊細は「才能」であり「強み」

まず最初に「自分の繊細さは、才能であり強みである」と認識をする、つまり自分の繊細さを短所や弱点と捉えないということがとても大切です。もしも、みなさんのなかにまだ「繊細＝短所や弱点」という認識があるなら、ここで「繊細さは才能であり強みだ」とマインドの書きかえをしてください。

別の章でもお話ししていますが、繊細さんには貢献貧乏な人が多い。ここでいう貢献貧乏とは、たとえお金がもらえなくても誰かの役に立てていることがうれしい、というような人です。

これはお金を稼ぐという視点では短所や弱みになりますが、マインドセットして視点を変えてみると、ビジネスにおいて大きな長所になります。人に貢献することに喜びを見いだせることは、他人から見れば親切で優しく熱心な人として、信頼され愛されます。これは明らかに才能であり強みじゃないでしょうか。このように捉え方を変えていくと、じつはみなさんは才能や強みの宝庫だということに気づけるはずです。

②最悪な未来を受け入れろ

次に大切なことは、「最悪なことが起こっても、それを受け入れるマインドを持っておく」ということです。なぜなら、そのようなマインドを持ってリスクに対する準備と心づもりをしておけば、予期せぬ事態が起きてもショックを受けて落ち込んで「ハイ、終わり」ではなく、「それなら何をすべき?」と次の行動のための思考回路につながります。

ビジネスに限らずですが、人生には何が起こるかわかりません。それは起業をしなくても同じで、安全地帯にいるつもりが自分の状況を追い込んでしまっているということは、十分に起こり得ます。

ビジネスにおいては、もしも最悪な出来事が起きたとしても命まで取られることは、まずありません。ですから、「死ぬわけじゃないし」というマインドをもっておくことは、この先みなさんのお守りになるはずです。

③時間は未来から過去へ流れる

みなさんは過去から、今、そしてこれからは未来を歩んでいきますよね。だからついつい、時間の流れが、過去→現在→未来だと考えがちなんです。「えっ！　違うの？」と思ったあなたはラッキーです。これは本当に大切なマインドセットになりますので、何回も繰り返し読んで、自分の当たり前を更新してください。

今みなさんは僕の本を読んでいますよね？　例えば、今すぐ本を閉じて出かけたとします。3分後あなたは外出しています。つまり、今（現在）は本を読んでいますが、3分後にはこの本を読んでいた今（現在）が過去のことに変わります。

このこと、この感覚からすると、時間の流れは、今（現在）が過去へと流れていますね？

ここに未来を加えると、時間の流れは、未来→現在→過去になることもご理解いただけますでしょうか。

現在
こんな失敗を
しちゃった
けどね！
マジで〜!?
最高！
勇気出ます
過去
そのために
失敗の体験を
する
別れよう
ひどい！
サヨーナラ
どうしよう…

みなさんにも、過去に恥ずかしい経験や失敗して落ち込んだ経験がきっとあることでしょう。でもそれと同時に過去で恥ずかしかった、つらかった思いが、今（現在）となっては笑い話になっていたり、思い出すことがあっても気持ちも和らいでいたりしないでしょうか。

それだけではありません。むしろ、過去の経験があったからこそ、今（現在）の自分が成長できていたり、状況がよくなっていたりしませんか？　つまり、今（現在）考えてみると過去の恥ずかしいことやつらい経験が、今（現在）へのギフトや宝物に変わっているということなんです。

ということは、今（現在）のあなたが困難に直面していたり、上手くいってなくても、未来から今（現在）を見たら、今（現在）の困難や上手くいってないことは、未来へのギフトであり、未来の宝物になるんです。ですから、今、あなたがつらい、上手くいかない、成功していない、悲しい、キツい……と感じていても大丈夫なのです。それらは全部、未来のギフトになるのですから。

④人生に絶望しても自分に絶望しない

みなさんのなかには、これまで50万円、100万円と投資して起業塾に入ったのに、参加期間が終わった後も結果が出せずに、苦しい思いをしてきた人もいるかもしれません。

もしくは、貢献貧乏でついつい無料でやってあげてしまって、まったく稼げないいま時間だけが過ぎている人もいるかもしれません。テイクばかりでギブのない相手の態度に失望してしまうこともありますよね。

実際、僕自身もこれまで何度も人生に絶望するようなことを感じてきました。だからこそ、そういう悔しい思いや悲しい思いをしてきた人のためにこの本を書いていると言っても過言ではありません。

声を大にして言いますが、今または今後、人生に絶望するようなことがあったとしても、全然大丈夫です。渦中にいる時はそう思えないかもしれませんが、絶対に大丈夫。何かを学ぶために変わるための「1分1秒がごもっとも」な経験だったと、いつか必ず思えますから。

どんなに絶望することがあったとしても、自分に対してだけは絶望せずにいてくださいね。それさえできれば、挽回のチャンスは巡ってきます！　そして、それまでに投資してきたお金、労力、時間、すべてが利息を伴って返ってきます。

それが返ってくるためには、自分に絶望しないことです。

あなたは間違っていない。挑戦して、人に与えて、施してきたんですよね？　だったら間違ってない、大丈夫。続けることができないならやめてもいい。止まってもいい。でも絶望はしないこと。

そして、あなたが奪う側に回ってはいけない。必ず全部上手くいきます。信じてください、僕を、何よりもあなた自身を。

⑤繊細起業家はすべての常識の逆を行け

僕のコンサルではよく常識と逆のことをお伝えしてビックリされることがあります。僕からすれば、「繊細な方のための起業の新常識」をお伝えしているだけなのですが……。

どのようなことかと言いますと、「運を味方にして直感に従ってください」とか、「常に日常、プライベートを満たしてください」とか、「石の上にも3年なんて思わずに、結果がでないな、違うなと思ったら、さっさとやめて次に行ってください」とか。

繊細なみなさんは、今まで他の人たちと同じようにしようと努力してきたり、常識を守らなければと頑張って苦しんできたりしたはずです。特に起業においては、常識を守り続けて苦労してきていませんか？

実際、起業で上手くいっている人は鋼のメンタルと尋常ならぬ行動量で成功しています。その成功理論は正しい。確かに正しくて、手前にあらわれた落とし穴に対して、鋼のメンタルと尋常ならぬ行動量を起こせる人は、怯まずにひょいと飛び越えていける人、もしくは落とし穴を落とし穴とも思っていないような人たちです。僕たちのような繊細な起業家とは明らかに違う生き物です。

僕たちには僕たちの戦略があるし、陥りやすい落とし穴への対策をする必要があります。また、人とは違う繊細な自分の個性を生かすには、自信満々で迷いがなく、大きな声で自己表現ができる人たちと同じことをしていても、上手くいかなくて当然なのです。

⑥繊細起業家が覚悟を決めたら最強

これも意外な話かもしれませんが、繊細さんが覚悟を決めたらその瞬間から最強になるということをぜひ知っておいてください。

たとえ無料でも、たとえ貢献貧乏でも、これまでずっと人に与えるということをやっているのが僕たち繊細な起業家です。一方でガツガツと営業をかけたり、声を大にして意見を述べたり、粘り強く交渉するなど、一般的に売上が上がったり、出世するなどしやすい行動が苦手でもあります。

それでも、ここで覚悟を決めてください。ビジネスについての覚悟を決めると聞くと、胸がギュっとなる人もいるかもしれませんが、僕が言っているのは、ノルマを死ぬ気で更新するとか、無理に頑張るとか、そういうことではありません。自分の使命を全うすること、あなたらしさを最大限に生かすという覚悟を決めてほしいのです。これまでの僕の経験の根っこにあるのもこれです。そして多くの起業支援をしてきて、何よりエネルギーになっていると感じていることも同じです。

どれだけやり方や方法論を熟知するより、やるという覚悟をすることのほうがよほど大切なのです。実際に僕も200万円くらいの売上から3000万円になった時、毎月の売上が1000万円を切らないようになった時も、いつも改めて覚悟をしていて、そのおかげだと言っても過言ではありません。

やり方なんて本当はみんな知っているんです。特に繊細な人はついつい自分に自信を持ちたいから過剰に学んでいることが多い。知識はもうすでにあるのです。

そうです、必要なのはあなたがあなた自身を解放する覚悟、あなたの使命を果たす覚悟、限界までやる、本気でやると決める、自分の人生を本気で生きる覚悟なのです。

⑦繊細な起業家には成功する責務がある

最後に、とても大切なマインドをお伝えします。それは「繊細な起業家には成功する責務がある」ということです。

ここまで繊細さんだからこその弱点や、ビジネスで引っかかるであろう部分もお伝えしてきましたが、人は大変なことやしんどいことがあったぶん、人に優しくなれます。それはすなわち、みなさんの大変だった経験は、ビジネスを通して、たくさんの人を救う力にできると僕は確信しています。

ちょっと大きなことを言いますが、みなさん自身のためにも、家族のためにも、お客様のためにも、後に続く繊細起業家さんのためにも、みなさんには幸せに成功する責務があるのです。繊細で大丈夫、むしろ素晴らしいことだと見せてあげてください。頭の片隅でいいので、このマインドを忘れずにいてくださいね。

もしかしたら今、みなさんのなかには「早く結果を出したい」「出さなければ」と、しんどい人もいるかもしれません。ただ、僕がここまでビジネスを続けてきて強く思うのは、ビジネスは人生をかけて取り組むマラソンみたいなものだということ。短距離走ではないので、焦ってもいいことはありません。

これまで回り道してきた人、ちょっと休憩している人、うっかり逆走してしまった人、いろんな事情を抱えている人を、僕は何人もコンサルティングを通して見てきました。今、みなさんがいかなる状況であっても何度でもやり直せますし、たとえ年齢や体力を懸念していたとしても大丈夫です。今からでも十分間に合います。

そして、繊細さんは繊細さんのままで成功できます。前の項目でもお話ししましたが、要は覚悟です！　繰り返しますが、あなたには成功する責務がある。もちろんそれは、あなたのためでもありますが、それ以上にまわりの人のため、関わってくれた人のため、まだ見ぬこれから出会う人のため、社会的に弱い立場にいる人のためでもあります。

繊細で人に優しく、人のために生きることのできる僕たちだからこそ、成功する責務があるのです！　一緒にまわりの人々のため、社会的に弱い立場の人のため、世界全体がよくなるために成功しましょう。

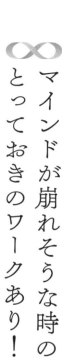

マインドが崩れそうな時のとっておきのワークあり！

それでも迷い焦ってしまう人へ、荒ぶるマインドを整える方法をお教えしたいと思います。それは「ありがとうワーク」です。

やり方は単純なもので、ひたすら「ありがとう」を一人でブツブツと繰り返し唱えるというもの。家族や日頃からお世話になっている人、ありがたかった出来事、自分の美点でもいいです。そうそう、繊細さも美点ですから、「自分の繊細さ、ありがとう！」と言うのもいいですね。

同じ人や同じことに対して、繰り返し言ってもＯＫ。回数は１００回くらい言ってほしいですが、最初は少なくても構いません。できれば朝一番が理想的ですが、思いついた時で大丈夫です。

簡単なようで続けるにはなかなか気合がいりますが、日課に落とし込めた人からは不思議なほど効果があり、人間関係やビジネスも目に見える数字という形でよくなったという報告が数多く届いています。他にもＴＭＣではさまざまなワークをしていますが、まずはこの「ありがとうワーク」で十分です。色々な方法を取り入れるよりも、感謝をするというシンプルな行動が最強です。まずはやってみてください。

さぁ、次はあなたの番ですね。１人でも多くの人からこのような報告が聞けることを楽しみにしています。

繊細起業家さん体験談❻

子育て、家事、介護をしながら毎月8万円の安定収入スタートから18日目でセールスをして契約へ！

石川雅代さん（50代・千葉県）

お金をいただくことに罪悪感があった

たかみっちーから学んだことで大きく影響されたと感じることは、「まずは自分を満たし、家族を大切にすること」の大切さでした。わかっていたつもりでしたが、本当に腑に落ちた時、現実の色々なことが変わってきたのです。

そしてもう1つ「自分のしたくないことは、しないでいいよ」という言葉。最初はそれで本当に仕事になるのかと、驚きを隠せませんでした。なぜなら、TMCに参加する以前に参加していたコミュニティでは「売れないのは自分が行動してないからだ」「気が進まないことでもやらないとダメなんだ」と自分を奮い立たせ頑張ってきたからです。

私には繊細な面があって、お金をいただくことへの罪悪感、自信のなさがあり、教育系協会のインストラクターをしていた4年間は売上に波があり、その後の自分ビジネスの立ち上げでもなかなか芽が出ませんでした。そんな悩ましい日々の中で、ある時突然たかみっちーからFacebookの友達申請とメッセージが来ました。

そのメッセージに4人の娘を持つパパだと書かれていて、私自身も4人子どもがいるので、その共通点から興味がわいてきました。その後LINEとメルマガに登録して、たかみっちーがTMCという起業プロジェクトを主催していることを知ったのです。

インストラクターを辞めてから、介護の仕事をパートでしていますが、やはり人に何かを伝える仕事、特に子育てをサポートできるような仕事がしたいと思っていたので、ＴＭＣに入会しました。

楽しく働く私を見た息子が起業したい！　と言ってくれた

入会して18日目、たかみっちーから学んだままに初めてお客様のお悩みを聞いたところ、受講生になっていただくことができました。力むことなく夢がかなって、とてもうれしかったです。その後、ＴＭＣ内でＩｎｓｔａｇｒａｍ代行のお仕事をいただき、今では毎月８万円の安定した収入があります。これもたかみっちーの教えのとおり素直に物事を進めた結果だと思います。

しかも、収入面以外にも、もともとよかった夫婦関係もぐんとよくなり、夫と

ふたり「幸せだね」が口癖になりました。子どもも私が生き生きと仕事をしているをの見ていて、「将来は起業して社長になる！」と言っています。家族との関係がよくなると仕事への意欲もわいてくるから不思議です。「まずは家族」という、たかみっちーの言葉は、そのとおりだなと思いました。

ＴＭＣは信頼できる人ばかりの素晴らしいコミュニティで、そこで安心して自分を解放できる幸せを噛み締めています。今後もたかみっちー、そして、ＴＭＣメンバーと切磋琢磨しながら成長していきます。
ＴＭＣ入会という、51年間の人生で最高の選択をした自分を褒めたいです！

・第7章・

恋した時のような
エネルギーで
進もう!

自分の未来に恋をする人生のビジョン&ミッション

人生に未来に仲間に恋するように生きてほしい

僕が主催する起業プロジェクト〝TMC〟は、トータル・ミッション・クリエイターの頭の文字をつなげたものです。決して、僕のニックネームである「たかみっちー」を略したものではありません（笑）。

ここまでずっと起業についてお話ししてきましたが、だからと言って僕は、起業して売上をつくることがすべてだなんて言うつもりはありません。それが人生のゴールではないからです。

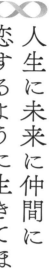

起業する目的は、自分の人生を生きること、自分の人生を自分軸で自力で切り拓いていくマインドを身につけること、何より使命に沿った自分の価値観を生きることです。つまり売上なんて自分の人生を自分らしく生きる手段の1つでしかないのです。

ですからTMCには、トータルという頭文字をつけていますし、ミッション＝使命、そしてクリエイター=創る人、生み出していく人でTMCという名前をつけています。
誰かの言葉や常識といわれる枠に、自分の人生を決めさせるのはもう終わりにして、自分が心からやりたい仕事や望む人生を創造する力を身につけてほしいという願いを込めています。

仕事や人生に対して、わざわざ「クリエト=創造」という言葉を使うなんて、普通の人からしたら少し大袈裟な感じがするかもしれません。けれども、繊細さんは、その繊細な感性ゆえに人の価値観を自分のなかに受け入れすぎたり、空気を読みすぎて自分の思っていることが言えず、このような状況に長く身を置いたせいで、自分の心の声が聞こえなくなっている人が少なくありません。

そこから本来の自分を掘り起こしていくのは、とても大変な作業です。それでも、この機会に本当に自分を取り戻していただきたいのです。

少しスピリチュアル的なことをお伝えしますが、これは決して過去に戻れということではありません。生まれる前に自分が決めてきた使命を思い出し、使命を生きるということです。あなたには価値がある。そしてあなたにはあなただけの使命が必ずあります。見つけましょう。いや、思い出しましょう。あなただけの使命を。

心が整い新しいピカピカのあなたにぴったりな未来、1年後、5年後、10年後を思い描いてみてください。1年後のあなたはどんなあなたになっていますか？　5年後のあなたは？　10年後はどうでしょうか？　10年という時間があれば、どうにでもなりますよ。

なんせ、僕は今では年商2億円規模のビジネスをしていますが、5年前は複数の投資詐欺にあって貯金はもちろんゼロ、借金まみれ、深夜にコンビニでアルバイトもしていたし、雇われの出来の悪い薬剤師だったんですから。

10年もあれば人は何者にでもなれます。そう。人は何者にでもなれるんです。年齢もこれまでの経歴も関係ありません。あなたの心一つ。その未来のあなたに恋をしましょう。

人生についてもファネル設計をしよう

第4章で「ファネル」設計のお話をしましたが、ビジネスだけでなく人生をよりよく生きようと思ったら、人生を未来から逆算して設計していくことも大切です。あなたの価値観に沿った未来（ゴール）にたどり着くために、今からやるべきことを組み立てていきます。

ミッションを思い出すのは、人によってはなかなか難しいと思いますので、まずは先に人生のビジョンについて考えてみてください。ビジョンは、「こういうことを達成したい」「こういう未来にしたい」というようなたどり着きたいゴールのことです。この点はビジネス編と同じですが、途中でどんどん変えていってＯＫですし、最初は小さなことで十分。いきなり壮大で社会的なビジョンとミッションを、と気負ってしまう必要はありません。

ただし、１つだけお願いがあります。ぜひ、ご自身のビジョンやミッションに言葉を与えてあげてください。その都度、自分に嘘をつかず、本音ベースで言語化するのです。そうやって言語化したビジョンやミッションは、みなさんの情熱と原動力になります。この情熱を持って進んでいけば、どんな困難も乗り越えていけます。

∞自分の本当の価値観をあぶり出すワーク

このようにお話ししても、なかなか思い描くことができない繊細さんが多いと思いますので、ここで1つのワークをおすすめしましょう。

10分間で自分が手に入れたい物やこと、なりたい姿や状況などを100個書き出すというものです。

10分は短いですから、思い付いたものをとにかく紙に書きます。同じものが出てきてもOKで、じつはそれを直近の自分がすごく欲しているということに気づけます。カッコつけずに、本能的な欲望100％な内容でいいのです。

これで初期のビジョン＝とりあえず今すぐに達成したい3カ月から1年以内の方向

性のヒントが得られると思います。

次のステップですが、すぐにできそうな叶いそうな事柄は、即達成してください。僕の例をお話ししますと、この100の書き出しワークで出てきたのは、贅沢なホテルに泊まりたいとか、子どもと遊びたいとかもあったのですが、ダントツで繰り返し出てきたのは美容医療を受けたいといった内容に関してでした。「どんだけ美容に関心強いんや！」と自分でも笑ってしまいました。当時はM字のハゲが進行していましたから、相当なコンプレックスになっていたのでしょうね。

そこで出た内容は実際にお金をケチらずに思い切って叶えてみることが大切なんです。やってみたら、「あ、こんなもんか」と、どれも意外なほど簡単に叶えれることに気づけます。そうやって自分を満たしていくと、本当に望んでいることが浮かび上がってくるんです。いえ、「本当に望んでいる＝もともとあったもの」というより、「望みの次元が上がっていく」というほうが正しいのかもしれません。

ここからさらに次元が上がった時のビジョンを明確にさせるために、自分のなかの価値観を炙り出すワークをしてみましょう。そのワークとは以下の質問に対する答えを書き出していく、というものです。

ビジョンを明確にするためのワーク

①あなたが尊敬する人は誰？　そしてどんな要素を尊敬していますか？
②もし、生まれ変わって能力も性別も選び直せるならどんな仕事につきますか？
③会った時に刺激を受ける人は誰ですか？　どんなところに刺激を受けますか？
④もしもあと5年の命だとしてやっておきたいことを書き出してください。そのなかで特にやらなければ絶対後悔するリスト5つは何ですか？
⑤今の自分に1番大きな影響を与えている人物は？　その人のどんな行動、発言、考え方が影響を与えていますか？
⑥死んだ後にどんな人だったと言われたいですか？
⑦これまで読んできた本、観てきた映画、漫画のなかで一番好きなものは何ですか？その本のどこが好きですか？
⑧あなたの好きな物語は何ですか？　自分がその作品に登場するとしたら、どの人物

ですか?
⑨これまでの人生での大きな決断と、その時大事にしてきた判断基準は?　そこからあなたのどんな価値観がわかりますか?
⑩1番仲のいい友人、仲の良かった友人は誰ですか?　その友人の何が好きですか?　そこからあなたのどんな価値観がわかりますか?
⑪今どんな自分を変えたいですか?　長年変えられなかったけど変えたい自分ってどんな自分ですか?

ちなみに僕の最近の回答は、このような感じです。

❶あなたが尊敬する人は誰?　そしてどんな要素を尊敬していますか?
↓『キングダム』の登場人物・桓騎（かんき）：色気とセンスと頭のよさ
↓『キングダム』の主人公・信：根拠のない自信がある。最後は必ず勝つ
↓『ONE PIECE（ワンピース）』の主人公・ルフィ：縛られることなく自由で仲間を大切にする

↓『ONE PEACE』の登場人物・ゾロ：強くてカッコいい絶対に心が折れない
↓『東京リベンジャーズ』の登場人物・ドラケン：強くて男気があるし仲間を守る
↓企業家でYouTuberの青汁王子：かっこよくてお金を稼いでいる
↓『SLAM DUNK（スラムダンク）』の主人公・桜木花道：成長するスピード感と圧倒的な存在感

❷もし、生まれ変わって能力も性別も選び直せるならどんな仕事につきますか？
↓今と一緒のような気がしますが、あえて別のものを選ぶなら、EXILEのような歌手兼ダンサー

❸会った時に刺激を受ける人は誰ですか？　どんなところに刺激を受けますか？
↓川瀬翔さん（しゃべくり社長）：美意識、モテ、頭の回転の速さ
↓北原孝彦さん（連続起業家）：ビジネスに対するストイックな姿勢
↓仙道達也さん（大手起業塾主催、コンサルタント）：経営者としての防御力

❹もしもあと5年の命だとしてやっておきたいことを書き出してください。そのなかで特にやらなければ絶対後悔するリスト5つは何ですか？

↓大規模セミナーでたくさんの人に勇気を与える
↓関わってくれているクライアントさんとその家族が自分がいなくなっても人生が好転する仕組みをつくっておく
↓社会的弱者の人を支援する活動に命を注いでいる
↓娘たちが人生に迷わないマインドセット・生き方のアドバイスを残す
↓高級ホテルの朝食時に英語で海外の人とフランクなコミュニケーションを取れるような開放的で色気のある大人の男性になっている

❺今の自分に1番大きな影響を与えている人物は？　その人のどんな行動、発言、考え方が影響を与えていますか？

↓中田敦彦さん（タレント、教育系ＹｏｕＴｕｂｅｒ）：人は何者にでもなれる
↓鴨頭嘉人さん（講演家、会社経営者）：心を動かす話し方やそのエネルギー
↓小池康仁さん（ＩＴ・戦略会計・人材育成分野のコンサルタント）：今を生きると、

無限に入ってくるということ

↓安保英樹さん（大手企業勤務時代の先輩）：格上でも怯まず堂々と接する懐に入り込む

↓菅野渉さん（プロジェクトマネージャー）：大勢の人を束ねる圧倒的なカリスマ性

❻死んだ後にどんな人だったと言われたいですか？

↓勇気と元気を与えてくれる太陽みたいな人

❼これまで読んできた本、観てきた映画、漫画のなかで一番好きなものは何ですか？　その本のどこが好きですか？

↓『完訳　7つの習慣　人格主義の回復』、『ドSの宇宙さん』シリーズ、『キングダム』、『ONE PIECE』、『SLAM DUNK』。成長していくところと困難な状況でもつき進んでいくところ！

❽あなたの好きな物語は何ですか？　自分がその作品に登場するとしたら、どの人物

ですか?

※物語には自分の価値観を投影しています。

↓『SLAM DUNK』なら主人公の桜木花道、破天荒なのが好き

↓『キングダム』なら主人公の信

↓『東京リベンジャーズ』なら暴走族の副総長ドラケン。頭がいい。圧倒的な大人

↓『ONE PIECE』なら時に命を捧げて主人公を守るゾロ。誰かを守る

❾これまでの人生での大きな決断と、その時大事にしてきた判断基準は?　そこからあなたのどんな価値観がわかりますか?

↓勇気がいる時こそ一歩踏みだす。やりたい気持ちや直感を信じる。自分ならできる。自分ならどうにでもなる

❿1番仲のいい友人、仲の良かった友人は誰ですか?　その友人の何が好きですか?　そこからあなたのどんな価値観がわかりますか?

↓Sくん、僕とは『ONE PIECE』ルフィとゾロって感じやった。『東京リベン

ジャーズ』ならマイキーとドラケンって感じやった

⓫今どんな自分を変えたいですか？　長年変えられなかったけど変えたい自分ってどんな自分ですか？

↓断られることが怖い自分、まだどこか繊細……他人軸、愛されていたい、嫌われたくない

↓逆だ。潜在的にはＯＫされるのが怖い

ＯＫされた後に自分が愛したり尽くしたりすることで今の大切な人たちを傷つける可能性があるから

あ、「コイツ、漫画ばっかり読んでんな！」と思われたあなた、大正解です（笑）。漫画とあなどってはいけません。特に『キングダム』や『ＯＮＥ　ＰＩＥＣＥ』には、ビジネスのノウハウも人生の真理も詰まっていますので、まだという人はぜひご一読ください。一応ビジネス書も読んではいるので、僕のオススメ、信じていただきたいです。

人生のミッションが先か？ ビジネスの成長が先か？

いかがでしょうか？　人生のビジョンは浮かんできましたか？

ご参考までに、僕のビジョンは「繊細な起業家を圧倒的な『心』と『ビジネスモデル』で人生を激変させる」です。

では次にミッションを考えてみましょう。

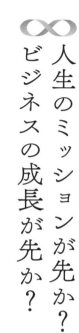

基本としてまず、掲げたビジョンを叶えるために動いていくなかで、人の役に立ったり喜ばれたりしたこと、特にそのことに大いに感動できたら、自然とミッションになっていくのではないかと思います。正確には自分のミッションに気づいていく、思い出していく、というのが正しいのですが。

そうなると、やはりビジネスとの関連性は強いですよね。今すぐミッションを思い出すのは簡単ではありませんが、少しはヒントになるのではないかと考えた自分への問いかけをここでご紹介しましょう。

ミッションを見つけるための問いかけ

①あなたにとって仕事とは?
②この人生でやらないと死んでも死にきれないことは何?
③誰をどうしたい? 誰にどうなってほしい? 誰に影響を与えたい?
④仕事をするのが自分じゃなきゃいけない理由って何?

またまた、参考までに僕の回答をご紹介しておきましょう。

❶あなたにとって仕事とは?
↓最上の歓び

❷この人生でやらないと死んでも死にきれないことは何?
↓「中農さんのおかげで人生変わりました」という人を2万人つくる

❸誰をどうしたい？　誰にどうなってほしい？　誰に影響を与えたい？

↓繊細な起業家に「人は何者にでもなれる」という自己効力感を感じてほしい

❹仕事をするのが自分じゃなきゃいけない理由って何？

↓家族で幸せな時間を過ごしたいから。逆にその時間を犠牲にした経験をした

↓楽して稼ぎたい気持ちから、たくさんの失敗をしたことを生かしたい

↓長い年月悩み苦しんだ経験があるからこそ上手くいかない人の気持ちがわかる

↓すべての人を稼がせることは簡単なことではないからこそ学び続ける自分がやる

そして、僕が現在自分のミッションだと思っていることは、これです。

「一人ひとりが自分のに使命を生きてほしい。家族もクライアントさんもクライアントさんとその家族もクライアントさんの周辺の人も、そうやって輪が広がり社会全体の精神的な幸福度を高めていく」

「大きく出たな、中農！」

そんな声が聞こえてきそうですが、僕は本気です。

最初は自分の家族の生活を守るのが僕の役目で、それだけで十分だったのに、ビジネスの成長とともにミッションも成長していました。いえ、ミッションの成長とともにビジネスが成長したのかもしれません。

どちらにしても、今の僕は本当に幸せで、自分の人生はなんて豊かなのかと感謝の気持ちしかわいてきません。あんなにお金や地位にとらわれて、繊細で自分に制限をかけていた僕が、です。

こんなふうに自分を変えてくれたビジネスが僕は大好きですし、かつての自分のように繊細さゆえに苦しんでいる人たちは他人とは思えませんし、さらに、家族のためにとか、大切な人を守るために頑張っている人を助けたい。だから、ここをマッチングさせるために僕は走り続けているのだと思います。

僕自身もっと成長したいと思っていて、そのための努力をしていますが、何よりT

ＭＣの仲間からも育ててもらいながら実際に成長いていることを感じます。きっとこれからもビジョンもミッションもさらに変わっていくことでしょう。

もちろん、その内容をＳＮＳなどで発信していくつもりですが、できたら、この本を読んでビジョンやミッションが変わったというあなたの話を、いつか聞かせてくださいね。

そのためにも、「ビジョンを明確にするためのワーク」と「ミッションを見つけるための問いかけ」をやってみてください。次ページに、書き込むためのスペースを用意しましたので。

あなたの ビジョンを明確にするためのワークシート

❶
あなたが尊敬する人は誰？　そしてどんな要素を尊敬していますか？

❷
もし、生まれ変わって能力も性別も選び直せるならどんな仕事につきますか？

❸
会った時に刺激を受ける人は誰ですか？　どんなところに刺激を受けますか？

❹

もしもあと5年の命だとしてやっておきたいことを書き出してください。そのなかで特にやらなければ絶対後悔するリスト5つは何ですか?

❺

今の自分に1番大きな影響を与えている人物は？　その人のどんな行動、発言、考え方が影響を与えていますか?

❻

死んだ後にどんな人だったと言われたいですか?

❼

これまで読んできた本、観てきた映画、漫画のなかで一番好きなものは何ですか?　その本のどこが好きですか?

❽

あなたの好きな物語は何ですか？　自分がその作品に登場するとしたら、どの人物ですか？

❾

これまでの人生での大きな決断と、その時大事にしてきた判断基準は？　そこからあなたのどんな価値観がわかりますか？

❿

1番仲のいい友人、仲の良かった友人は誰ですか？　その友人の何が好きですか？　そこからあなたのどんな価値観がわかりますか？

⓫

今どんな自分を変えたいですか？　長年変えられなかったけど変えたい自分ってどんな自分ですか？

あなたの ミッションを見つけるための問いかけシート

❶
あなたにとって仕事とは？

❷
この人生でやらないと死んでも死にきれないことは何？

❸
誰をどうしたい？　誰にどうなってほしい？　誰に影響を与えたい？

❹
仕事をするのが自分じゃなきゃいけない理由って何？

➡ 今のあなたのミッションとは？

繊細起業家さん体験談⑦

マインドを整えることに集中したら商品誕生からわずか数日で70万円を成約！

間宮理恵子さん（40代・東京都）

ありのままの自分を本気で信じてくれた

「理恵子ちゃんは、そのままでいいんよ。そのままで素晴らしいんやから」。

もっと努力をとか、売れない原因を探して改めなさいという人はいても、こんなことを言う起業の指導者を、私はたかみっちー以外に知りません。もちろんこれは、私にだけではなくみんなに、しかも本気で信じて言っているのです。

自信というか自己愛の力が弱まっていた私に、「理恵子ちゃんは話すだけで明るい気持ちなるから」と、TMCのサブ講師として迎え入れてくれた時、とても感謝しつつ「この人は本気で私を信じてくれているんだな」と心が震えました。

繊細さゆえに集客とセールスに疲れはてて

TMCに入る前、私は疲れ果てて動けない状態にありました。

もともとは司会業をしていましたが、コロナ禍で仕事が激減し、夫婦関係にも悩んでいたことからカウセリングを受け、自分も夫婦関係のカウンセラーになったのですが、集客がネックで。集客を学ぶ塾に入って、学んだとおりに毎日SNS投稿を行い、キャンペーンを打って、セールスをするということを繰り返しました。

もともと繊細な性格で、周囲の期待に応えたいという気持ちが強く、集客もカウンセリングも丁寧に生真面目に取り組んでいたのですが、キャンペーンが上手くいかなかった時に、燃えつきてしまったんですね。

そんな今年（２０２３年）の2月頃、集客を学ぶ塾でご一緒していた女性とそのお仲間さんとお茶をする機会がありました。たかみっちーも同じ集客塾に参加していたので共通の知り合いでしたが、その女性たちはＴＭＣのメンバーにもなっていて、すごく生き生きとしていて楽しそうだったんです。

「ああ、いいな、私も楽しく仕事したいなぁ」と思ったら、何かに背中を押されるように、ＴＭＣへの入会申し込みをしていました（笑）。

真剣な人ほどビジネスで動けなくなる瞬間がある

ＴＭＣは、心が優しくて「みんなで一緒に上がって行こう」という人が集まっています。お話をさせていただくと、元気と気づきをたくさんもらえます。顔を合わせていない時も、オンラインの向こうでいつでもつながっているという感覚があって、困った時にＳＯＳを発信すると、すぐに誰かが助けてくれる。孤独じ

ゃないんだなって感じます。

自分ビジネスは、初めは形もなく、何をすれば上手くいくのか正解もない世界です。その中で、真剣だからこそ立ち止まってしまう人も少なくありません。そんな時、皆がサポートしてくれる安心感のある環境で「自分の在り方」を考え、心を整えられる場所がＴＭＣなのだと思います。

この環境の中で、自分のことを大好きになって、ものすごく自分を愛せるように、自分もみんなもそうなれるようにしたいと心から思った時、サロンのような、でも情報だけでなくお互いのエネルギーを交流させるような場所、というコンテンツがフッと生まれました。生まれた瞬間にワクワクして、そのエネルギーが伝わったのか、ちょうど交流会の最中だったのですが、その場で40万円分の成約をいただいたのです！

さらに数日後には70万円の成約となり、ビジネスとはマインド＝在り方が一番大切だというたかみっちーの口癖を、改めて、その通りだなと確信しました。

最後に、ビジネスを含め生き方に迷い悩んでいるみなさんへお伝えしたいことは、苦しいのは決してご自分だけではなく、求めれば、温かい仲間がいるということです。

私のこの体験談がみなさんのお役に立つことを願っています。

アウトプット・メモ

ここまでお読みいただきありがとうございました。
後半のアウトプットをしましょう！

《第5章》

●学び

●気づき

《第6章》

●学び

●気づき

《第7章》

●学び

●気づき

《体験談1～7》

●学び

●気づき

あとがき

この本の「はじめに」は、出会ってくれたことへの感謝と
おめでとうという言葉で始まっていますが、最後にもう一度言わせてください。
繊細さんに生まれ、起業家を志したみなさん、本当におめでとうございます！

これまでみなさんはつらい思いや我慢を重ねてきたかもしれませんね。
けれども、それももう終わりです。
今、みなさんの目の前には、明るい人生の扉が開いたのです。
こんなに素晴らしいことがあるのでしょうか。

この本では、僕が実際に経験をして、
コンサルティングという形でＴＭＣメンバーをはじめとする

たくさんのクライアントさんに提供させていただき、
寄り添いながら成長を共に喜び、再現性を実証できたビジネスのノウハウを
ふんだんにお教えしています。
けれども僕が願っているのは、ビジネスの成功ではなく、
ビジネスの発展を通じて、あなた自身の人生が幸せで豊かさを増していくことです。

そのためにも自分の繊細さを頑張って克服するのではなく、
繊細さを強みにして、愛おしさを感じるまでになってほしいと願っています。
ビジネスに限らず、ありのままで物事の捉え方を変えることができたら、
新しい出会いも増えるでしょう。
そして気を許し合える仲間ができてお互いを理解し支え合えたら、
あなたはきっとその繊細さに自信が持てて、自慢に思うようになるでしょう。

僕が確信を持ってそう言えるのは、
僕とクライアントさんたちがそうなっているからです。

大丈夫です、あなたも必ずそうなります。

自分という存在の素晴らしに気づき、近い未来に頼もしい仲間が待っていると気づいたなら、必ず変化が起きます。

そう……、「気づいたら、築ける‼」のです。

あなたの人生を新しく築いていきましょう。

最後に、出版に際してお力添えをして頂きました山本智也さん、中島梓さん
原稿執筆のお手伝い、編集作業をしていただきました小林佑実さん、
イラストを描いてくださいましたタカキリヱさん、
今の僕を指導してくれました仙道塾の仙道達也さん、才能開花コーチ耀稀大晶さん、
ブランディングプロデュースをしていただきました内田亜美さん、
幸せ女性起業家大学の叶理恵さんとそのパートナーの中村仁さん、
プロモーションのサポートをいただきました、しゃべくり社長こと川瀬翔さん、
白石達也さん、ＴＭＣの初期の僕を導いてくれました山田直美先生、
現在の僕を導いてくださっている西澤裕倖先生、

今の私に至るまでに指導くださったコーチ・コンサルの先生方、
そしてＴＭＣメンバーのみんな、いつも側で支えてくれている妻の彩郁ちゃんと、
子どもたち、そして、これまで関わってくださったみなさまに
この場を借りて感謝の気持ちをお伝えしたいです。
本当にありがとうございました。

現段階では、ＴＭＣのことを起業プロジェクトと位置付けていますが、
正確にはこの世の中にＴＭＣと同様のコミュニティも、
該当するサービスも存在しないと考えています。
ですから、今回この本のなかで色々とお話しできてよかったと思っています。

僕が目指すのは、繊細で心優しい起業家の卵が自分の使命を全うすることで、
社会全体が優しくなっていく、そんな世界の実現です。
この世界観に「自分も関わってみたいな」とチラッと思われたら、
お声をかけてくださるとうれしいです。

もちろん、動画などをパソコンやスマホの画面越しに見てくださるだけでも十分ですし、僕もみなさんの人生が、ビジネスが、より素晴らしいものになるように心からお祈りしています。

私なんて……とか、自分はまだ……と思っている人ほど気づいてほしいです。
「あなたには無限の可能性があり、もうすでに最高のあなたである」ことを。
大丈夫、僕が保証します。あなたは最高の存在です。
そして未来のあなたは、たくさんの人を救う存在になるはず。
これは確定しています。心から応援していますね。

2023年6月

中農貴詞（たかみっちー）

中農貴詞のSNS発信
ぜひチェックしてください！

●YOUTUBE

『たかみっちーの繊細起業チャンネル』

https://youtube.com/@sensai_tmc

●LINE公式アカウント

『TMC繊細さん向け魔法の3ステップ起業法』

https://line.me/R/ti/p/%40528jgrew

●Instagram

『NAKANOTAKASHI1984』

https://www.instagram.com/nakanotakashi1984

NAKANOTAKASHI1984

●メールマガジンの登録はこちらから

nakano22.com

著者プロフィール

中農貴詞　なかのたかし

繊細社長・起業プロジェクトTMC主催
株式会社ONE PACK代表取締役社長

大手製薬会社に入社後、営業でトップクラスの成果を出しエリートとして注目されていた。しかし会社の歯車として働く毎日に「人や社会の役に立てていない」という無力感から仕事へのモチベーションが失われる。高収入・社会的地位があるにも関わらず幸福感を得られず、自分でビジネスすることを決意する。色々なことに挑戦するが上手くいかない日々を5年以上過ごし、最終的には投資詐欺に複数回もあい、大きな借金を背負ってしまう。本業と別にコンビニで深夜レジ打ちをするなど、自己破産直前まで追い込まれるが、たくさんの人に助けられ人生が好転する。それによりさまざまな出会いや学びを経て、起業サポートのサービスを始めた。サービスやクライアントを通じて使命を全うする決断をし、今ではTMCという120人以上が参加するビジネスコミュニティを運営し、年商で億超えという実績を出している。

繊細さんが本当の「やりたい」を見つけて
起業するための最強の教科書

2023年7月15日　第1刷発行

著者／中農貴詞
印刷所／株式会社クリード
発行・発売／株式会社ビーパブリッシング
〒154-0005 東京都世田谷区三宿2-17-12　tel 080-8120-3434

ISBN 978-4-910837-10-9 C0034